KB031610

토마스 아퀴나스의 『신학대전』 읽기

세창명저산책_019

토마스 아퀴나스의 『신학대전』 읽기

초판 1쇄 발행 2014년 3월 10일
초판 2쇄 발행 2020년 5월 20일

—

지은이 양명수
펴낸이 이방원
기획위원 원당희
편 집 송원빈 · 김명희 · 안효희 · 윤원진 · 정우경 · 최선희
디자인 손경화 · 박혜옥 · 양혜진
영 업 최성수 **기획 · 마케팅** 정조연 **업무지원** 김경미

—

펴낸곳 세창미디어
출판신고 2013년 1월 4일 제312-2013-000002호
주소 03735 서울시 서대문구 경기대로 88 냉천빌딩 4층
전화 02-723-8660 **팩스** 02-720-4579
이메일 edit@sechangpub.co.kr **홈페이지** http://www.sechangpub.co.kr/

—

ISBN 978-89-5586-199-0 03160

ⓒ 양명수, 2014

_ 이 책에 실린 글의 무단 전재와 복제를 금합니다.

이 도서의 국립중앙도서관 출판예정도서목록(CIP)은 서지정보유통지원시스템 홈페이지(http://seoji.nl.go.kr)와
국가자료종합목록 구축시스템(http://kolis-net.nl.go.kr)에서 이용하실 수 있습니다.(CIP제어번호 : CIP2014005934)

양명수 지음

토마스 아퀴나스의 『신학대전』 읽기

세창미디어
MEDIA

이 책을 나의 스승 선한용 박사님께 바칩니다.

머리말

『신학대전』은 우선 그 분량이 매우 방대한 책이다. 글자 수로 치면 신·구약 성서의 글자 수를 모두 풀어놓은 것의 3배 정도 된다고 한다. 현재 라틴어 원본과 대역으로 우리말 번역본이 일부 출판되었는데, 모두 번역되면 수십 권이 될 것 같다. 그 분량이 방대한 만큼 서양철학과 신학의 지식이 집대성되어 있는 책이다. 아우구스티누스Augustinus의 작품과 더불어 『신학대전』은 서양 그리스도교의 두 축을 이루는 작품이라고 할 수 있다. 흔히 개신교 신학은 아우구스티누스 사상에 바탕을 두고 있고, 가톨릭은 아퀴나스 사상에 바탕을 두고 있다고 말한다. 그러나 두 사람의 작품은 그리스도교 공통의 최고 자산이고, 그들 이후에 펼쳐지는 근대와 현대 사상의 기반이 되며, 서양의 사고 유형을 결정지었다고 할 수 있다. 『신학대전』은 그만큼 풍부한 지식과 영감을 지니고 있는 책이며, 단순히 그리스도교 신학을 위한 작품이 아니라 서양철학에도 지대한 영향을 준 작품이다.

『신학대전』은 신학이나 철학의 한 부분에 속한 책이 아니라 매우 철학적이면서 동시에 신학적이다. 그래서 아퀴나스의 신학을 흔히 자연신학이라고 부른다. 잘 아는 대로 아퀴나스는 그리스 철학자 아리스토텔레스의 철학을 가져와 그리스도교 신앙을 설명하려고 했다. 그러나 신앙이 철학으로 모두 설명되는 것은 아니므로, 아퀴나스는 필요한 대로 철학적 논리를 넘어 자신의 논리를 전개한다. 그럼에도 신앙을 신화적 세계에 갇히지 않도록 최대한 철학적 개념 언어로 설명하려고 한 것이 아퀴나스의 중대한 공헌이다. 말하자면 『신학대전』은 그리스도교 신앙을 인간 이성에 통하는 보편진리로 설명하려고 한 책이다. 그 결과 신학이 풍부해졌을 뿐 아니라 서양철학도 풍부해졌다고 할 수 있다. 종교적 영감을 더한 철학적 사유가 서양의 인문학과 사회과학에 다양한 영향을 주었다. 『신학대전』에 나오는 인식론과 자유의지론 그리고 도덕론과 정의론 등은 물론이고 그의 자연법론과 소유권 문제 등은 중세를 넘어 오늘날까지 다양한 학문 분야에 영향을 미치고 있다. 이 책을 읽음으로써 우리는 서양 문화와 정치·경제의 배경을 이루는 사고방식과 논리를 읽을 수 있다. 그리스도교 신앙뿐 아니라 윤리와 법에 이르기까지 다양한 분야에서 수많은 정보와 지식을 얻을 수 있다.

나는 신학이 인문학과 함께 가야 한다고 생각한다. 그것은 그리스도교 초기 교부들 때부터 내려온 전통이다. 그리스도교의 정체성을 체계적인 말로 구성해야 했을 때에 당시의 교부들은 인문주의자들의 철학 언어를 많이 가져왔다. 그렇지 않았으면 그리스도교는 보편 종교가 되지 못하고 소종파에 그쳤을 것이다. 교부들은 그리스도교가 미신이 아님을 강조했는데, 그것은 그리스도교가 인문주의와 교차되는 점이 많다는 것을 의미한다. 더구나 한국 교회의 현실을 볼 때 그리스도교 신앙은 인문주의를 파트너로 삼아야 한다. 그렇지 않으면 교회가 단순한 신앙만 강조하면서 우리 사회에 보편 정신을 주지 못한 채, 기복종교 이상이 되지 못할 것이다. 우리나라는 인문주의 전통이 강한 나라이다. 조선 시대 500년은 성리학이라는 인문주의가 우리나라를 지배했다. 아퀴나스의 철학적 사유는 우리나라의 성리학과 인문주의의 측면에서 공통점이 있다. 16세기에 마테오 리치는 성리학과 아퀴나스 신학을 연관해서 그리스도교를 변증하려고 『천주실의』를 썼다. 이제 우리나라 교회도 인문주의 사유와 결합해서 속이 깊어져야 할 것이다. 『신학대전』은 신학을 인문주의 철학을 통해 정립한 책이라는 점에서 우리 교회가 마련해야 할 신학을 위한 좋은 본보기이다.

토마스 아퀴나스는 1225년에 이탈리아의 나폴리 왕국에서 태어나 1274년 3월 7일에 포사 누오바Fossa Nuova에서 죽었다. 그는 1323년에 아비뇽에 있던 교황 요한 22세에 의해 성인으로 인정되었고, 그의 유해는 1369년에 프랑스 툴루즈Toulouse에 있는 도미니칸 교회인 자코뱅 교회Church of Jacobin에 안장되었다. 그의 왼팔 뼈는 나폴리 대성당에 보존되었고, 파리 대학에 기증된 그의 오른팔은 현재 로마에 있는 도미니칸 교회인 성 마리아 소프라 미네르바 교회Dominican Church of St. Maria Sopra Minerva에 보존되어 있다.

그는 교회의 박사Angelicus Doctor라고 불린다. 『신학대전』(원어인 라틴어로는 *Summa theologiae*, 또는 *Summa theologica*로도 불린다)은 그의 대표작일 뿐 아니라, 서양철학사의 고전이고 가장 영향을 많이 준 문헌 가운데 하나이다. 아퀴나스는 1265년에 『신학대전』을 집필하기 시작해서 1274년에 마쳤으나 미완성이다. 생애 마지막 시기의 작품이고, 따라서 그의 사상이 집대성되어 들어 있다. 『신학대전』은 그보다 앞선 작품인 『이교대전*Summa contra Gentiles*』의 확장이라고 할 수 있으나, 관점이 다르다. 『이교대전』이 이교도에 대한 반박이 목적이라면, 『신학대전』은 교회의 가르침을 집대성해서 신학도에게 지침을 제공할 목적으로 쓰였다. 그러므로 『신학대전』에는 그리스도교 교리의 핵심 내용이 총망라되어 있다. 당시의 대학에서는 피터 롬바르드Peter Lombard의 『명제집』의 구조를 흠모했는데, 아퀴나스는 독특한 방식으로 지식을 모아 책으로 펴냈다. 주제별로 잘 조직된 다양한 문제를 제시하고 논하는 방식을 취하고 있다.

『신학대전』은 그 양이 방대할 뿐 아니라 그 내용이 또한 매우 치밀하고 깊다. 양과 질에 있어서 감탄을 금할 수 없는 책이다. 주제별로 중세 당시에 주목받던 모든 지식을 끌어다가 사용하고 때로는 반박하면서 자신의 독창적 생각을 펼치는 방식으로 쓰였다. 많은 학자를 인용하는데, 그것은 당시 스콜라 철학의 방법이다. 대전大典의 형식으로 책을 쓰는 것도 당시에 유행하고 있었는데, 아퀴나스는 좀 더 독창적인 방식으로 『신학대전』을 집필했다.

『신학대전』에서 아퀴나스는 당시에 존경받던 사상가들을 인용하고 있다. 물론 '철학자The Philosopher'로서는 아리스토텔레스를 인용한다. 그리고 아베로이스Averroes를 인용하는데, 아베로이스는 아랍세계에서 유명한 아리스토텔레스 주석가The Commentator였으며, 그의 작품은 일부 라틴어로 번역되었다. 또한 '선생The Master'이라는 명칭으로 피터 롬바르드를 인용한다. 롬바르드의 『명제집』은 당시에 매우 영향력 있는 책이었다. 그리고 히포의 아우구스티누스를 '신학자The Theologian'라는 명칭으로 인용한다. 가장 위대한 신학자로 존경받던 아우구스티누스의 글을 아퀴나스는 매우 많이 인용한다. 그뿐만 아니라 울판Ulpan을 '법률가'라는 이름으로 인용하는데, 울판은 로마법 총서에 기여를 많이 한 사람이다. '디오니시우스'라고 불리는 학자는 아레오파기타의 위僞 디오니소스Pseudo-Dionysius the Areopagite를 가리킨다. 아퀴나스가 인용하는 위 디오니시우스의 글은 6세기에 시리아에서 쓰인 것으로 보인다. 한편 아퀴나스는 페르시아의 철학자인 이븐 시나Ibn Sina를 '아비시에나Avicienna'라는 이름으로 인용한다. 그는 또한 이슬람 신학자인 알 가잘리al-Ghazali를 알가젤Algazel이란 이름으로 인용한다. 또, '랍비 모세Rabbi Moses'라는 이름으로 인용되는 학자는 아퀴나스 당시에 유대인 학자인 모세 마이모니데스Rabbi Moses Maimonides를 가리킨다. 아퀴나스가 아랍 사상가들을 인용하는 것은, 당시까지만 해도 아리스토텔레스의 사상이 잘 알려지지 않았고, 아랍의 학자들을 통해 유럽이 아리스토텔레스를 접하게 되었기 때문이다.

『신학대전』은 3부로 구성되어 있다. 1부Prima Pars는 신학 부분인데, 신론과 창조론 그리고 인간론으로 구성되어 있다. 총 119개의 질문questiones이 제기되고 있다. 2부Secunda Pars는 둘로 나뉘어져서 2부의 첫 부분Prima Secundae은 윤리의 일반적 문제를 다루고 있고, 법의 문제도 이 부분에서 다룬다. 총 114개의 질문이 제기되고 있다. 2부의 둘째 부분Secunda Secundae은 윤리의 개별적인 덕목들을 다루고 있다. 총 189개의 질문이 제기된다. 3부Tertia Pars는 그리스도론과 성례론으로 구성되어 있다. 보론을 빼면 90개의 질문이 제기되어 있다. 아퀴나스가 쓰다 만 회개에 관한 글과 부활 등 몇 가지 주제를 그의 사후에 그의 제자Fr. Rainaldus Romanus가 보충했다고 보이는데 보론Supplementum이라는 이름으로 덧붙여져 있다. 99개의 질문으로 되어 있다.

하나의 질문은 여러 개의 아티클articulus로 나누어져 다양한 관점을 제시한다. 그리고 다시 하나의 아티클은 4부분으로 구성된다. 먼저, 질문으로 주어진 명제에 대해서 반대 의견sententiae, objections이 나열된다. 그리고 반대 의견에 대한 반대sed contra, on the contrary가 나온다. 이 부분은 주로 성경을 인용하거나 다른 학자들을 인용한다. 그리고 비로소 질문에 대한 아퀴나스 자신의 응답respondeo dicendum, I answer that을 밝힌다. 그리고 이어서 맨 앞에 나온 반대 의견에 대한 아퀴나스의 의견을 제시한다ad primum dicendum. I answer to the first argument ….

이 책에서는 라틴어의 약자를 사용해서 본문을 표시하였다. 1부는 Ia, 2부의 전반부는 IaIIae, 2부의 후반부는 IIaIIae, 3부는 IIIa로 표시하였다. 질문(questio)은 약자 'qu.'로 표시했다. 아티클(articulus)은 'art.'로 표시했다. 권위 있는 학자들을 인용하여 반박하는 부분인 '반면에(sed contra)'는 줄여서 'sed'

로 표시했다. 제일 중요한 부분, 곧 질문에 대한 아퀴나스 자신의 응답을 말한 부분(respondeo dicendum)은 약자 'res.'로 표시했다. 그리고 앞에 나온 반대 의견에 대해 하나하나 아퀴나스가 반박한 부분(ad primum dicendum…)은 'ad1', 'ad2' 식으로 표시했다. 예를 들어 Ia,qu.2,art.2,res.로 되어 있는 것은 1부의 2번째 질문의 2번째 아티클의 아퀴나스의 응답 부분을 가리킨다.

『신학대전』은 현재 가톨릭 출판사인 '바오로 딸'에서 번역본이 출판되고 있다. 현재까지 1부 가운데 많은 부분이 번역된 상태이다. 『신학대전』의 본문을 인용할 때, 번역된 부분의 본문은 번역본을 인용했다. 영어 텍스트로는 *The Summa Theologica of St. Thomas Aquinas*(Literally translated by Fathers of the English Dominican Province, Second and Revised Edition, 1920)를 사용하였고, 라틴어 본문 텍스트로는 *Summa Theologiae, in Corpus Thomisticum*(recognovit ac instruxit Enrique Alarcón automato electronico Pompaelone ad Universitatis Studiorum Navarrensis aedes a MM A.D.)을 참조하였다. 출판사의 부탁을 받고, 이번 기회에 『신학대전』을 즐겁게 읽으며 정리했다. 물

론 방대한 본문을 모두 읽은 것은 아니지만, 중요한 부분의 본문들을 분석하며 어느 정도 깊이 있는 해설서가 되도록 애썼다. 아무쪼록 이 책이 신학도와 철학도 그리고 인생의 진리를 탐구하는 독자에게 도움이 되기를 바란다.

2014년 1월 한뫼재에서

양명수

| CONTENTS |

I
『신학대전』 1부 해설

현대 신학에는, 신학은 인간학이라는 명제가 바탕을 이루고 있다. 신을 얘기하더라도 인간의 바람이나 완성의 욕구와 관련해서 얘기되어진다. 그러나 『신학대전』은 그 구조부터가 하느님 중심으로 되어 있음을 알 수 있다. 제1부가 신에 관한 부분인데, 인간은 1부의 뒷부분에서 하느님의 형상을 닮은 피조물로 등장한다. 창조주와 피조물이라고 하는 우주론적 관점이 1부를 장식하고 있고, 인간론은 신론의 한 부분으로 다루어진다. 2부에서는 인간의 지성과 자유의지 문제를 다루고, 도덕과 법을 다루고 있지만, 그 모든 주제는 인간의 목적이 하느님이라는 전제 하에 다루어지고 있다.

도덕을 통한 인간의 자기완성과 법을 통한 공동선의 형성은 모두 하느님을 목적으로 삼을 때 가능한 것으로 말하고 있다. 그러므로 아퀴나스는 “다른 모든 학문의 주제도 하느님이다”qu.1,art.7,res.라고 말한다. “다른 학문은 신학의 시녀”라는 유명한 말도 『신학대전』에 나온다.

1부는 신의 존재와 신의 정체에 대한 얘기로 시작한다. 유명한 신 존재 증명이 나오는데, 신앙이 없이도 자연이성으로 신의 존재가 증명된다는 것은 중세 신학의 중요한 기반이다. 인간은 주어진 이성으로 신의 존재를 알 수 있지만, 그러나 신이 어떤 존재인지 그 정체는 알 수 없다. 신의 정체는 계시를 받아들이는 신앙에 의해서 알 수 있는 믿음의 영역이다. 그 부분은 삼위일체를 다루는 부분에서 논의된다. 아퀴나스가 공을 들이는 삼위일체의 문제는 그리스도교의 신이 누구인지를 알게 하는 부분이다. 그처럼 신의 존재와 정체 문제를 다루고 나서, 이어서 모든 피조물의 창조를 말하고, 인간의 정체에 대해서 말한다. 인간의 정체에서 제일 중요한 부분은, 지성 또는 이성이다. 그 문제는 인간을 하느님의 형상으로 보는 성서의 시각과도 관련이 있다.

제1부에서 질문 1에서 11까지는 신의 존재를 증명하는 문제를 다루고 있다. 그리고 질문 12에서 43까지가 하느님의 정체를 다루는 부분이다. 삼위일체의 문제도 이 부분에서 다루어지고 있다. 그리고 질문 44부터 119까지는 창조질서와 인간의 정체를 다루고 있다.

처음부터 신 존재를 증명하는 부분인 질문 11까지에 아퀴나스 사상의 가장 기본적인 개념이 모두 등장하고 있다. 아퀴나스 신학의 특징이 잘 드러나는 곳도 이 부분이다. 뒤에 전개되는 인간론과 도덕 및 법의 문제 그리고 덕과 성례에 관한 모든 논의의 기초가 되는 부분이라고 할 수 있다.

1. 신학과 신 인식의 가능성

아퀴나스는 신학을 "거룩한 가르침"이라고 부르면서, 신학이라는 학문의 역할을 가리켜 이렇게 말한다. "이 거룩한 가르침의 주된 의도는 하느님에 관한 인식을 전하는 것Dei cognotionem tradere이며, 또 그것이 그 자체로 존재하는 것으로서 뿐만이 아니라 모든 피조물 특히 이성적 피조물의 근원이며 종극인 것으로서의 인식을 전하는 것"Ia,qu.2,intro이다. 결국 『신학대전』은 아퀴나스 자신과 당시 스콜라 철학자들이 알고 있던 하느님에 관한 인식을 전달하기 위해 쓴 책이다. 그런데, 그 인식은 하느님 자체에 대한 인식이 아니라, 인간과 사물의 근원이며 목적이 되는 하느님에 대한 인식이다. 신학은 신에 관한 학문이지만, 인간과의 관계라고 하는 구도 안에서 신을 말할 수 있고, 또 그런 신만 인간에게 의미 있는 신이 될 것이다.

신 인식에는 두 가지가 있을 수 있는데, 하나는 자연이성으로 아는 일반적인 신 인식이 있고, 다른 하나는 특별히 어떤 은총의 계시를 통해 하느님에 대해 알게 되는 신 인식이다. 이런 특별한 신 인식은 교회의 권위를 매개로 개인의 신앙을 통해 받아들여지고 전달된다. 『신학대전』의 1부는 그 두 가지의 신 인식을 다루고 있다. 아퀴나스는 먼저 앞부분에서 일반적인 신 인식의 문제를 다루고 있다. 그는 그리스도교 신앙이 없는 사람이라도 알 수 있는 신 인식을 전하기 위해, 아리스토텔레스의 형이상학에 나오는 철학 개념을 사용한다. 제일 원인, 목적인, 현실태와 가능태, 형상과 질료,

존재와 본질, 하나와 여럿, 실체와 주체 등의 개념을 사용해서, 하느님의 단순성과 완전성, 선하심, 불변성, 무한함, 유일성 등을 설명하고 있다. 질문 3부터 질문 11까지가 그처럼 자연이성의 빛으로 알 수 있는 하느님에 대한 설명이다. 이때의 신 인식이란, 만물의 제일 원인인 신은 존재할 수밖에 없음을 아는 것이다.

아퀴나스가 볼 때, 그런 정도의 신의 존재는 증명될 수 있다. 제일 원인인 신이 존재한다는 사실은 누구나 알 수 있고, 또는 이미 알고 있는 것이라고도 할 수 있다. 신 존재를 인간이 이미 알고 있다는 점을 아퀴나스는 행복을 향한 인간의 욕구를 가지고 설명한다. "인간은 본성적으로 지복을 욕구하며desidere, desire, 인간에게서 본성적으로 욕구되는 것은 본성적으로 인식된다cognoscitur, known" Ia,qu.2,art.1,ad1. 여기서 아퀴나스는 인간은 자신의 욕망으로 인해 신의 존재를 이미 알고 있다고 말한다. 인간은 행복을 바라는데, 인간이 바라는 최고의 행복은 완벽한 선bonum perfectum인 신에게서 구할 수 있다. 그래서 인간의 행복 추구는 이미 신을 전제로 한다는 말이다. 아퀴나스가 이 문제를 더 이상 발전시키지 않지만, 칸트가 말하는 요청으로서의 신 존재 증명이 아퀴나스에 암시되어 있다고 할 수 있다.

신의 존재는 누구나 알고 있지만 설명이 필요하다. 어떤 신 인식도 자명하지는 않기 때문이다qu.2,art.2,res.,53. 신 존재를 인간은 이미 알고 있지만 모르고 있다고 해야 할 것이다. 사람들이 알 수 있는 것을 알게 하고, 어떤 면에서 이미 알고 있는 것을 분명하게 알게 하는 작업, 그것이 신학이 할 일이다. 그러므로 유명한 아퀴나스의 신 존재 증명(질문 2)과, 그 이후 질문 11까지 이어진 신 인식은 이미 알고 있는 것을 명확하게 밝힌 것demonstratio이다. 그런 논증을 통해 도달하는 결론은, 현재 존재하고 있는 만물의 원인이 되는 제일 원인이 존재한다는 점이다. 그것은 결과에서 원인을 추정해 도달하는 신 인식이다.

그렇게 인식되는 신은 신앙의 하느님이 아니라 이성의 하느님이다. 자연적인 사변이성의 빛으로 말할 수 있는 한도 안에서, 만물의 원인이 되는 어떤 무엇이 존재한다는 것 정도를 증명하는 것이다. 칸트는 그의 『순수이성비판』의 변증론 부분에서 아퀴나스적인 사변이성의 하느님을 강력하게 비판한다. 하느님은 인식의 대상이 아니라는 점이다. 물론 아퀴나스도 신의 본질을 알 수 없다고 한다. 그러나, 신이 어떤 존재인지는 알 수 없어도, 신이 존재한다는 정도의 사실에 대해서는 누구나 알 수 있다고 보고 아퀴나스는 신 존재 증명을 시도하는 것이다. 그러나 칸트가 볼 때, 신의 존재는 인간의 인식 능력이 아니라 욕구 능력에서 희망될 뿐이다. 지성이라고 하는 사변이성이 아니라 의지라고 하는 실천이성의 대상으로서만 신의 존재를 안다고 주장하는데, 그때의 앎은 희망이요 믿음이다. 아퀴나스적인 사변이성의 대상이 아니다. 그렇게 칸트는 아퀴나스의 자연신학을 비판하는데, 이것은 칸트가 종교개혁의 영향을 받은 면이면서 동시에 종교를 윤리로 바꾸는 작업이기도 하다. 그런데 아퀴나스에게서도 신학은 결과적으로 이성이 아니라 계시의 권위에 의존한다. 하느님이 우리에게 누구인지가 중요한데, 그것은 특별한 시간과 장소에서 예언자나 사도처럼 특별한 은총을 입은 특별한 자들에게 계시되고 믿음으로 받아들여진 신 인식의 문제이다.

그럼에도 아퀴나스가 자연이성의 빛으로 알 수 있는 신으로부터 『신학대전』을 시작하는 것은, 신앙과 은총은 자연적 인식을 전제로 한다Ia,qu.2,art.2,ad1는 그의 견해 때문이다. “은총은 자연을 파괴하지 않고 완성하기 때문에 자연이성은 신앙을 섬기고 도와야 한다Cum enim gratia non tollat naturam, sed perficiat, oportet quod naturalis ratio subserviat fidei”Ia,qu.1,art.8,ad2. 이러한 아퀴나스의 태도를 가리켜 자연 신학이라고 한다. 『신학대전』에서 자연이성, 자연인식이라고 할 때의 ‘자연’은 ‘인간이 타고난’이라는 뜻으로 보면 된다. 다시 말해서 그리스도교적인 신앙이 없는 사람이라도 누구나 타고난 어떤 능력에 속하는 것을 가리킨다. 그래서 자연은 신앙과 대조되는 말이고, 특별한 계시나 특별한 은총에 대조되는 말이기도 하다.

물론 신앙은 이성으로만 이루어질 수 없다. 신앙은, 이성으로 받아들이기 어려운 신의 사랑에 대한 증언을 받아들여 이루어진 신 인식이다. 사랑의 신은 엄밀히 말해서 믿음의 상대이지 앎의 대상이 아니다. 믿음을 통한 앎 또는 신앙의 지성이라고 하는 말이 가능하다면, 그런 신 인식은 보편적이지 않다. 질문 18부터 질문 26까지 다루고 있는 주제가 그렇다. 하느님의 사랑, 하느님의 의지, 하느님의 정의, 하느님의 섭리 같은 대목들은, 철학적인 자연이성으로 파악할 수 있는 부분이 아니다. 어떤 계시를 담고 있는 성서의 증언이 있고, 그것을 믿음으로 받아들일 때 알게 되는 부분이다. 질문 27부터 43까지는 삼위일체를 다루고 있는데, 신을 삼위일체로 이해하는 신 인식 역시 보편적인 앎이 아니라 믿음의 앎이다.

그러나 아퀴나스는, 자연이성으로 알게 되는 신 존재의 확실성이 신앙을 위한 전제가 된다고 본다. 인간이 신앙을 갖게 되는 출발점을 자연이성으로 확보할 수 있다고 보는 것 같다. 이성은 이미 신의 존재를 알고 있고, 또한 스스로 그 앎을 명확하게 할 수 있다demonstratio. 신앙은 자연적 인식을 전제로 한다는 말이 그 뜻이다. 그러나 그 정도의 신 인식은 아직 그리스도교 신앙에 도달할 것은 아니다. 신앙에서 오는 인식은 은총이 개입되어야 한다. 신앙은 자연인식의 산물이 아니라 은총의 산물이다. 그러나 이성을 사용해서 신앙의 내용을 명확하게 설명할 수 있다. 아퀴나스의 자연신학은 이성을 사용해서, 이미 어느 정도 느끼고 있는 신의 존재를 명확하게 하기도 하고, 신이 우리에게 어떤 분인지를 전해주는 계시와 신앙의 가르침을 만인에게 보여주는 역할도 한다. 후자의 차원은 한계가 있을 것이다. 어차피 보편적일 수 없는 신앙의 신 인식을 모두가 알 수 있도록 설명할 수는 없기 때문이다. 그러나 신앙의 내용을 될 수 있는 한 이성으로 설명해 보려는 것이 신학의 역할이라고 할 수 있다.

그런데, 신학의 역할과 한계를 말하기 위해서, 신 인식의 문제를 좀 더 검토하지 않을 수 없다. 인간이 과연 하느님을 알 수 있는가? 아퀴나스는 이 문제를 질문 12에서 다시 세밀히 다루고 있다. 하느님을 알아야 하느님에 대해 말할 수 있기 때문에, 하느님에 대해 말하는 신학은 하느님에 대한 앎 cognitio을 전제로 하고 있다. 그러나 하느님을 안다는 것은 무엇을 뜻하는가? 이 문제는 그리 간단치 않다. 그러므로 아퀴나스는 신학이라는 학문의 학문성에 대해 논의하면서, 신 인식의 가능성 문제를 다루지 않을 수 없었다. 하느님을 아는 것은, 이웃집 친구를 안다거나 흙의 구성 물질 따위를 아는 것과 다르다. 현대인은, 신의 존재를 믿지 않기 때문에, 신 인식의 문제는 아예 주제가 되지 않을지도 모른다. 그러나 중세의 아퀴나스에게 신학은 신앙이 있는 그리스도교인에게만 해당되는 것이 아니고, 철학적 문제이기도 했다.

먼저, 하느님을 알 수 없다는 점을 아퀴나스는 여러 번 강조한다. 인간은 하느님의 본질essentia을 알 수 없다. 본질이란 '어떤 것이 그 무엇이게 하는 것'을 가리킨다. 예를 들어, 어떤 사람을 사람 되게 하는 것이 그 사람의 본질이다. 하느님의 본질을 알 수 없다는 것은 하느님이 무엇인지quid est 그 자체로는 알 수 없다는 말이다. 이때 알 수 없다는 것은, 파악할 수 없음을 가리킨다.

라틴어 콤프레헨시오comprehensio는 무엇을 공동으로 손에 넣는다는 뜻이다. 파악把握이란 번역어도 손아귀에 쥐는 것을 가리킨다. 무얼 안다는 것은, 그것을 손에 넣어 다룰 수 있음을 뜻한다. 그러므로 파악comprehensio은 물질로 이루어진 사물에 대한 인식에 적용하는 말이다. 인간은 감각기관을 통해 개체의 사물과 접촉하고, 그 사물의 상像, phantasmata, imago이 인간의 영혼에 형성된다. 파악한다는 것은, 느껴지고 감각된 사물의 상에서 개념들conceptiones을 추상화하여, 그 개체의 본질인 보편적 성질을 알아내는 작업이다. 그렇게 되면 그 개체 사물은 어떤 종種에 속하는 것으로 분류된다. 하나의 사물을 파악하고 안다는 것은, 그 사물이 어떤 종에 속하는지를 아는 것이다. 같은 종에 속하는 개체가 많을지라도, 그 개체들은 모두 같은 종으로서 같은 본성을 지니고 있다.

예를 들어, 어떤 나무 이름을 묻는다고 하자. 그때, 그 나무가 상수리나무라고 하면, 모든 상수리나무의 공통된 특징을 생각한다. 상수리나무라고 하는 종의 보편적 성질을 알 때 그 나무를 파악한 것이다. 사물들에게서 개체의 차이는 중요하지 않고, 일반명사에 속하는 보편적 성질이 사물 인식의 핵심을 이룬다. 그 보편적 성질을 가리켜 본성이라고 하고, 본질이라고도 한다. 그리고 질료와 대비되는 개념으로는 형상eidos, 形相이라는 말을 쓴다. 형상이란 쉽게 말해서 생김새를 가리킨다. 그런데, 형상形相이라는 말이 가리키는 생김새란 겉모습(형상形象)보다는 속을 이루는 성질을 가리킨다. 생긴 모습이 사람이라야 사람이라고 할 수 있지만, 무엇보다 중요한 것은 사람 됨됨이다. 그 속 성질이, 형상이란 말로 그리스 철학자들이 표현하고자 한 것이다. 제대로 된 사람 또는 참사람, 이것이 어떤 사람의 형상이라고 할 수 있다. 모든 인간은 참사람의 형상을 어느 정도 지니고 있어서 사람인 것이다. 그러나, 참사람은 사람이 도달할 목표이기도 하다. 그렇게 보면, 형상은 사물의 본래의 모습을 가리키는데, 종種이라는 의미도 지니고 있다. 형상은 어떤 사물의 본질을 구성하고, 따라서 적어도 같은 종의 사물에 두루 들어 있는 보편적 성질이다. 사물은 질료와 형상으로 이루어져 있다. 질료는 속 성질을 담아내는 물질로서, 같은 종에 속하는 사물은 질료의 차이로 말미암아 서로 다른 개체가 되는 것이다.

앎cognitio은 어떤 사물의 형상과 본질을 아는 것이다. 다시 말해서, 개체에 몰입되는 감각을 넘어서, 그 개체의 바탕이 되는 보편적 성질을 알았을 때, 파악이라고 하는 인식이 성립된다. 질료를 가진 사물의 형상을 아는 것이 파악이고, 그 파악은 사물의 상像에서 출발한다. 그 상을 만드는 작업이 상상력想像力, imaginatio이다. 이런 인식론은 아리스토텔레스와 아우구스티누스를 거쳐 아퀴나스에까지 이르고, 이어서 칸트의 『순수이성비판』에까지 전해지는 서양의 대표적인 인식론이다.

이런 인식론에 따르면 질료를 가지고 있지 않은 하느님은, 상象을 개념으로 추상화해서 이룩되는 인식의 대상이 아니다. 이 점을 가리켜 아퀴나스는, 하느님은 인간의 지성으로 파악할 수 없다고 하는 것이다. 인간이 하느님을 알려면 하느님이 스스로 자기를 드러내야 한다. 어떤 특별한 계시가 필요하다. 성서에 나오는 예언자들이나 사도들은 하느님의 특별한 은총으로 지성의 능력이 높아져 하느님의 상을 형성해서 일반 사람들보다 하느님을 더 잘 알게 된 사람들이다. 그러나 그 경우에도 하느님의 본질을 알았다고는 할 수 없다는 것이 아퀴나스의 주장이다. 이 세상에 있는 한, 인간은 어떤 하느님의 은총과 계시로도 하느님의 본질을 볼 수는 없다. 오직 하느님만이 자기 자신을 그 자체로 인식한다Ia,qu.14,art.2. 그리고 하느님만이 하느님을 파악comprehensio한다Ia,qu.14,art.3. 그래서 우리가 하느님이 어떤 존재라고 정의를 내리는 것definitio은 원칙적으로 불가능하다.

그런데, 만일 하느님을 전혀 알 수 없다면, "하느님에 관한 인식을 전하는 것"을 목표로 하는 신학은 불가능하지 않은가? 거기에 대한 아퀴나스의 답은 이렇다. "우리는 하느님에 대하여 그의 피조물에 대한 관계를 인식하는 것이다" Ia,qu.12,art.12,res. 그 문제는 뒤에 나오는 삼위일체의 얘기로 가야 더 폭넓게 논의될 것이다. 그러나 우선 아퀴나스는, 하느님이 어떻게 존재하는지 그 사태에 대해서 탐구한다. 신이 무엇인지quid sit를 알려면, 그가 어떻게 있는지quomodo sit를 물어야 한다고 한다Ia,qu.3,into. 일차적으로 아퀴나스가 생각한 하느님의 사태 곧 하느님과 피조물의 관계는 원인과 결과의 관계로 설명된다. 세상의 모든 사물은 그 이전의 다른 사물에서 나왔다는 점에서, 어떤 원인의 결과물들이다. 그런 결과로부터 원인을 추정해 올라갈 때, 하느님은 세상 만물이 나오게 된 제일 원인prima causa이다. 바로 이것이 아퀴나스가 시도한 신 존재 증명이다. 하느님의 존재 사실을 존재의 인과관계의 법칙으로 증명한 것이다.

현재의 수많은 결과로서의 사물들이 있기 위해서는 그들의 공통된 제일 원인이 있을 수밖에 없다는 점에서, 제일 원인은 존재한다. 그리고 그 제일 원인을 하느님이라고 한다. 인간은 조금만 생각해보면 하느님이 존재한다는 것을 알 수 있다. 그 하느님은 만물의 존재 원인이 되는 하느님이다. 그런 점에서, 하느님 그 자체를 아는 것이 아니라, 피조물과의 관계에서 알 수 있는 정도만 아는 것이다. 마치 달의 뒷면은 보이지 않고 오로지 지구와 마주하고 있는 부분만 보이는 것과 같다. 그리고, 그 알려진 관계란 제일 원인과 그 결과로서의 관계이다. 성서에서 말하는 창조주와 피조물의 관계를, 아퀴나스는 철학적으로 제일 원인과 그 원인의 결과물이라고 표현하는 것이다. 그런데, 제일 원인은 거기서 나온 수많은 결과물과 엄청난 차이를 지니고 있다. 그러므로 하느님을 아는 것은 피조물과 하느님의 엄청난 차이를 아는 것이기도 하다. 하느님이 어떤 분인지를 아는 것은, 하느님이 피조물과 다른 분임을 아는 것이다. 여기까지가, 자연이성으로 하느님을 알 수 있다는 명제의 의미이다. 물론 신학은 자연이성을 넘어 계시와 신앙의 빛에서 하느님에 대해 말한다. 그때에, 피조물에 빗대어 유비를 사용할 수밖에 없다. 하느님은 피조물이 아님에도 불구하고 피조물에 빗대어 그에 대해 말할 수밖에 없다. 그것이 우리 인식의 한계이고 언어의 한계이다. 그러나 그때에도 유비에 남아 있는 피조물적인 특징들을 하느님에게서 제거해야 한다.

그렇다면, 신학은 자연이성으로 알 수 있는 정도의 신 인식을 전달하는 데 그치는가? 그렇다면, 신학과 철학은 구분되지 않을 것이다. 물론 아퀴나스는 신학대전 1부의 상당 부분(적어도 질문 1부터 질문 11까지)을 자연이성의 빛으로 알려진 신 인식을 전달하는 데 할애하고 있다. 그러나 신학의 출발점은 하느님에 대한 신앙 조항이다Ia,qu.1. 하느님의 사랑이나 섭리나 삼위일체 같은 것이다. 특별한 은총을 입은 자들 혹은 예언자들의 증언에서 생긴 것이고, 그런 가르침의 진리됨에는 성서의 권위가 중요한 역할을 한다. 그리고 그 증언과 성서의 권위를 받아들이는 믿음이 있을 때, 신학이 전하고자 하는 신 인식은 제대로 전달되게 된다. 그래서 신학은, "… 인간의 구원을 위해 하느님의 계시를 따라 이루어지는 어떤 가르침"Ia,qu.1,art.1,res.이다. 신학은 하느님이 특별한 계시를 통해 알려준 것들을 중심으로 형성될 수밖에 없다. 그렇게 보면 신학은, 특별한 계시를 전달한 증언자들의 권위를 받아들이고, 그 내용을 믿는 믿음이 없으면 성립되지 않는다Ia,qu.1,art.8,ad2. 그런 가르침은 이성으로 따지고 논박할 만한 것이 아니요, 증명되는 것도 아니다Ia,qu.1,art.8,ad2.

신학의 주제인 하느님은 우리 이성으로 이렇다 저렇다 할 수 있는 것이 아니지만, 그럼에도 신학은 이성을 사용한다. 특별한 은총 없이 자연이성으로도 하느님의 존재를 알 수 있다는 점에서, 아퀴나스는 신론의 상당한 부분을 철학의 언어를 빌려서 설명하고 있다. 그러나 형이상학적인 신 인식은 그리스교의 신앙을 설명하기에는 충분치 않다는 것을 아퀴나스는 알고 있다. 의지와 사랑을 지닌 살아 있는 신에 대한 신앙은 형이상학적인 신 인식과 다른 차원이기 때문이다. 그렇다면 형이상학적인 신을 벗어난 부분에 대해 신학이 이성을 사용한다는 것은 어떤 의미를 지니는가? 그것은, 앞에서도 말했듯이 가능한 한 신앙의 내용을 합리적 언어로 설명하는 것demonstratio이다.

2. 성서와 신학의 언어

아퀴나스는 신학의 학문성을 다루는 질문 1부터 성서의 언어에 대해 논한다. 성서의 언어를 은유metaphor라고 부른다. 은유란 "어떤 것을 그와 유사한 것을 사용하여 표상으로 전하는 것"Ia,qu.1,art.9,res.이다. 어떤 사물이나 사태를 직접 전하지 못하고, 비슷하게 전달하는 수단이 되는 언어를 은유라고 부른다. 현대 철학에서 은유 이론은 상당히 많이 발전되어 있다. 신화나 상징의 의미를 재발견하려는 학자들은 주로 은유 언어의 창조성 또는 그 풍부함에 초점이 맞추어져 있다. 은유 언어의 기초적 분석은 이미 아퀴나스에게서도 보인다. 그러나 초점이 주로 인간 지성의 한계에 초점이 맞추어져 있다. 인간의 지성은 하느님을 파악할 수 없기 때문에, 피조물 세계에 빗대어 말할 수밖에 없다는 것이다.

아퀴나스는 은유에 일차 의미와 이차 의미가 있음을 말한다. 일차 의미란 은유의 문자적 의미라고 할 수 있다. 말이 일차적으로 가리키는 것이다. 그것을 아퀴나스는 "말로 표현된 사물"이라고 한다. 그런데, 그 일차적 의미를 통해서 본래 의미하고자 하는 것이 이차적 의미이다. 은유적 표현으로 본래 말하고자 했던 것, 그것이 이차적 의미다. 이것을 아퀴나스는 "영적인 의미"라고 한다. 성서는 세상의 여러 가지 사태와 사건을 얘기하며, 그것을 통해 하느님과 하느님의 나라를 보여주려고 한다. 그러므로 성서의 언어를 통해 우리 영혼의 구원을 위한 가르침을 알아들어야 한다.

아퀴나스에게서 감각적인 것은 영적인 것보다 열등하다고 보면 된다. 사실 이 문제는 감각 자체의 열등성이기보다는, 감각을 통한 인간의 욕망에 대한 문제이다. 인간은 먹기 좋고 보기 좋고 듣기 좋은 것을 좋아한다. 그런데, 몸에 좋은 약은 쓰다는 말이 있듯이, 미감을 끄는 것이 꼭 좋은 것은 아니다. 또 나를 칭찬하고 찬양하는 소리가 듣기 좋지만, 거기에 익숙하면 아첨하는 이들에게 휘둘리게 된다. 이렇듯이, 감각적인 것은 인간이 생각 없이 바로 끌려 좋아하는 것을 가리키며, 그것은 인간에게 해가 되는 경우가 많다. 진리는 감각적인 것보다 높은 차원이며, 그걸 가리켜 영적인 것이라고 부른다. 영적인 것에는 도덕적인 것도 포함되는데, 도덕이란 내가 감각적으로 끌리는 것을 이성으로 통제할 줄 아는 데서 생기는 것이다.

아퀴나스가 은유 이론을 전개하는 이유는, 감각적인 세상에 사는 인간이 감각을 넘어 영적인 자유의 세계에 들어가는 방법을 전하기 위해서다. 그래서 은유란, 신적인 것과 영적인 것을 물체적인 것에 빗대어 말한 것이다Ia,qu.1,art.9,res. 인간의 구원을 위한 진리는 영적이고 초감각적인 것이다. 초감각적인 것은 그 자체로서 이해할 수 없다. 그러므로 인간으로서는 감각적인 것을 통해 초감각적인 것을 이해하는 수밖에 없다. 그것은 인간의 본성에 맞으며, 이해하기 쉬운 일상의 감각적인 얘기를 통해 영적인 세계에 도달하게 하는 것이다. 일차적 의미를 해석하면서, 독자는 영적인 의미sensus spiritualis에 도달한다. 그래서 하느님과 그리스도에 대해서 알게 된다. 예를 들어 목자의 얘기를 통해서 하느님의 사랑을 말한다고 하자. 그럴 때, 목자가 양을 찾는 얘기는 우리의 일상적 얘기이고 이것이 감각적인 사물의 세계이다. 그러나 그 얘기를 통해서 우리는 그리스도의 사랑을 이해하게 된다면, 그것은 영적인 세계에 들어간 것이다. 그것을 우의적 의미sensus allegoricus라고도 한다. 그런데, 그런 우의적 의미는 반드시 우리의 결단과 행동을 촉구한다. 그것을 아퀴나스는 도덕적 의미sensus moralis라고 한다. 그렇다면 은유에는 일차적 의미와 우의적 의미 그리고 도덕적 의미가 들어있는 셈이다. 우의적 의미와 도덕적 의미를 합해서 영적인 의미라고 한다. 은유적 언어는 문자적으로 이해하면 안 된다. 하나의 뜻만 지니고 있는 것이 아니라, 다의성을 지니고 있기 때문이다. 다의성을 지닌다는 것은, 보는 사람에 따라서 다양한 해석이 가능하다는 말이다. 언어의 다의성은 혼란스러움과는 다른 문제이다Ia,qu.1,art.10,ad2. 제각기 해석이 다를 수 있지만, 본문에서 하느님의 사랑을 알게 되고 그런 하느님의 사랑에 맞게 자기 상황에 적합한 행위를 이끌어 내야 제대로 해석한 것이 된다. 그러므로 은유 언어의 다의성이란 읽는 사람이 자기 자리에서 본문의 의미를 생생하게 읽어내도록 문자에 생명을 주는 셈이다.

이처럼 은유 언어를 통해 신의 진리에 접하게 되는 것은, 직접 신의 진리를 파악하지 못한다는 점에서 인간의 한계를 나타내지만, 동시에 감각적인 것에서부터 인식을 시작하는 인간에게 적합한 방식이기도 하다. "영적인 것이 물체적 사물들의 은유 밑에 우리에게 전달되는 것은 적절한 것이다" Ia,qu.1,art.9,res.

아퀴나스는 신학이 철학을 빌려 말하는 것도, 지성의 한계 때문이라고 본다Ia,qu.1,ad2. 철학 언어를 가져오는 까닭 역시 직접 진리를 인식할 수 없는 한계 때문이다. 그렇다면,

철학의 개념 언어나 은유의 비개념 언어는 모두 인간 이성이 진리를 직접 파악하고 전달할 수 없다는 한계 때문에 동원되는 수단이다. 성서의 은유 언어나 신학에서 사용하는 철학적 개념 언어들은 모두 결과물로부터 제일 원인을 표상하는 데 사용되는 언어다. 그것은 인간이 인식할 수 있는 세계를 수단으로 삼아 인식할 수 없는 세계를 드러내 보이려는 언어들이다.

자연신학에서 신에게 붙이는 이름 역시 결과물로부터 제일 원인에 붙여지는 것이다. 신학은 신에게 무한자, 영원자, 완전한 자, 선한 자, 유일자 등의 이름을 붙인다. 이런 것은 피조물의 세계를 보고, 피조물에게 없는 것을 표상한 것이다. 신이 어떤 분이라고 적극적으로 표현한 것이기보다는, 신은 어떤 분이 아니라는 것을 부정적으로 표현한 것이다 Ia,qu.3,intro. 예를 들어 시간의 한계 속에서 영원하지 못한 피조물과 달리 하느님은 시간의 한계에 갇히지 않는다는 점을 가리켜, 영원자라고 한다. 그러므로 하느님의 이름도 결과물인 피조물에 빗대어 붙여본 것이다.

원래 하느님은 알 수 없는 존재요, 감히 이름을 부를 수도 없는 존재다. 그러나 결과물과의 관계를 통해 원인을 알 수 있듯이, 결과물과의 관계 안에서 제일 원인에 이름을 붙여 본 것이다. 그러므로 신의 이름도 하느님을 완전하게 표상하지 않고 '어느 정도'만 표상할 수 있다. 신을 표상하는 신의 이름은 일의적이지도 않고, 다의적이지도 않고, 유비적이다Ia,qu.13,art.5. 유비적이라는 말은, 성서의 은유와는 다른 의미로 쓰인 것이다. 은유는 다의적이다. 읽는 사람이 제각기 자기 처지에서 하느님의 사랑을 알고 거기에 맞추어 살도록 이끄는 언어가 은유이다. 그러므로 은유 언어는 독자에 따라 제각기 해석이 다를 수 있는 풍부한 언어다. 그러나 무한자, 영원자, 유일자 같은 것은 다의적인 언어가 아니다. 은유가 아닌 개념 언어로서 뜻이 비교적 분명하다. 그러나 이것을 하느님에게 적용한 것은 하느님을 모두 표현한 것이 아니라, 피조물과의 관계에서 어떤 면을 표현한 것이다. 그런 면에서 그 이름을 문자적으로 이해해서 하느님에게 대입하면 안 된다. 그래서 일의적이지 않다고 한 것이다. 예를 들어 영원자라고 하면, 우리는 죽지 않고 영원히 사는 존재를 생각한다. 그런데, 하느님의 영원성은 시간의 지속보다는 시간 밖을 가리킨다. 시간도 하느님의 피조물이기 때문이다. 그런 면에서 영원자라고 하는 것은 피조물에 빗대어 붙인 명칭이지만, 하느님을 온전히 표상하는 것은 아니다. 하느님의 명칭이 일의적이지도 않고 다의적이지도 않고 유비적이라는 말은 그런 뜻이다. 물론 아퀴나스는 유비와 은유를 명확히 구분하는 것 같지는 않다(qu.10,art.1,ad4에서는 영원을 은유적이라고 했다).

사실은, '신'이라거나 '하느님'이라는 말도 이미 이름을 붙인 것이다. 신이나 하느님이라고 하면, 대개 '우주의 주재자'를 연상한다. 신이라는 이름은 세상과의 관계에서 신을 표상한 것이요, 신의 작용을 표상한 것이다. 그런데, 신이나 하느님이라는 이름이 신의 작용을 표상하지만 "그러나 동시에 신의 본성을 지칭하려는 의도를 지니고 있다"Ia,qu.13,art7고 아퀴나스는 말한다. 이것은 신의 작용을 빼고 신의 본성을 말할 수 없음을 암시하고 있다.

물론 아퀴나스는 신의 본질을 우리가 알 수 없다고 함으로써, 신의 초월적인 면을 매우 강조한다. 신을 절대자로 보려고 하는 중세 신학의 특징을 보여주는 것이다. 신의 본질이 아닌 세상에 대한 신의 작용만을 우리는 알 수 있고 또한 표상할 수 있다. 성서나 신학의 언어가 모두 그렇고, 신의 이름도 그런 한계 안에서 탄생하는 것이다.

그러나 엄밀히 말해서 세상에 대한 작용을 넘어선 부분은 우리가 알 필요도 없는 것이요, 신학이 다룰 필요도 없는 부분이다. 하느님은 우리에게 어떤 하느님인가가 중요한 것이지, 하느님 자신은 우리의 관심의 대상이 아니다. 현대 신학에서는, 우리와 관계없는 하느님의 모습을 인정하지 않는다. 관계없는 하느님은 존재하지 않는다고 본다. 신 관념의 출발이 인간과의 관계에 있는 것이다. '존재'라는 개념보다는 '사랑'이라는 개념이 하느님을 잘 표상하는 개념으로 보는 까닭도 거기에 있다. 그러나 중세의 신학자 아퀴나스는 '존재'라는 개념을 중시한다. 그것은 그리스 철학의 개념이기도 하지만, 출애굽기 3장 14절에 나오는 하느님의 이름이기도 하다. '나는 스스로 존재하는 자이다'고 한 것을 가리켜, 아퀴나스는 계시에 의한 신의 이름이라고 본다. 신을 표상하는 '존재'라는 개념은 '사랑'보다 훨씬 더 형이상학적이고 비관계적이다. 다시 말해서 절대자의 모습이 강하다. 이처럼 아퀴나스는 신이 인간과의 관계 너머의 존재임을 잊지 않으려고 하지만, 동시에 인간과의 관계를 벗어난 신은 신학의 주제일 수 없음도 그는 알고 있다. 신을 얘기하고 부르는 것은 신의 이름을 부르는 것이고, 그것은 이미 세상에 대한 신의 작용을 말하는 것이다. 그러면서 신의 본성도 같이 가리키고자 하는 의도가 있다. 그렇다면 결국 아퀴나스 역시, 신의 본성은 세상과의 관계를 떠나서는 생각할 수 없다는 점을 암시하고 있는 것이다. 신의 작용이 곧 신의 본성이라고 하지는 않지만, 적어도 신의 작용을 제외하고 신의 본성을 말할 수는 없다는 점을 아퀴나스는 암시하고 있는 것이다. 다시 말해서 그는 신의 본질과 신의 관계를 엄격히 구분하면서도, 관계를 빼고 그리스도교의 신을 말할 수는 없다는 점을 암시하고 있는 것이다.

한편으로 초월자를 말하면서, 다른 한편으로는 세상과 관계하지 않는 초월자를 생각할 수 없다고 보는 관점은 그리스도교 신학의 특징이다. 아퀴나스가 자연이성의 빛으로 알 수 있는 하느님을 말하는 부분(질문 2에서 11까지)에서는 세상과의 관계가 잘 드러나지 않는다. 제일 원인이라는 것은 철학적이고 중립적인 존재에 불과하다. 그러나 그리스도교 신앙으로 알 수 있는 하느님을 말하는 부분은 모두 인간과의 관계를 진하게 드러낸다. 신의 의지와 욕구 그리고 신의 사랑을 말하는 것은, 신이 신 안에 머물지 않고 밖을 향해 있음을 말하는 것이다. 그리고 역시 신앙으로만 알 수 있는 삼위일체도, 세상과 관계를 맺는 하느님의 모습인 것이다.

3. 자연이성의 빛에 의한 신 인식

아퀴나스는 하느님의 본질을 알 수 없다고 한다. 그러나 피조물과의 관계에서 하느님을 알 수 있는데, 그러한 신 인식에는 하느님의 계시에 의한 앎과 자연이성에 의한 앎이 있다. 아퀴나스는 먼저 자연이성에 의한 신 인식을 다루고 있다. 자연이성으로 아는 신 인식은 다음 명제로 표현될 수 있다. "제일 원인으로서의 신은 존재한다." 신을 제일 원인으로 보는 것은 우주론적인 관점인데, 그래서 그의 신 존재 증명을 가리켜 우주론적 신 존재 증명이라고 한다. 『신학대전』은 신 존재 증명으로 유명하다. 이른바 자연신학의 토대가 되기 때문이다. 그러나 신 존재 증명의 내용을 보면, 이미 여러 가지 신념을 전제로 하고 있다.

질문 3부터 신의 단순성, 완전성, 선성, 무한성, 불변성, 유일성 등을 논하고 있다. 이런 신 인식을 모두 논증demonstratio 하고 있는데, 이렇게 이성으로 논증하는 그 논리 속에는 어떤 신념이 들어 있다. 그런 신념을 표현하는 명제들이 있다. 그런 명제들을 수용할 때, 비로소 신 존재 증명이 성립된다. 그러므로 신 존재 증명보다 더 중요한 것은, 아퀴나스의 신 인식 속에 들어 있는 논리와 신념 체계이다.

제일 중요한 신념은, 목적론적인 세계관이라고 할 수 있다. 피조물은 어떤 목적이 있어서 존재한다는 것이다. 특별히 인간에게는 목적을 향한 운동이 있다. 이 얘기는 2부 첫머리에서 인간의 목적과 관련해서 본격적으로 논의된다. 그러나 목적론적인 세계관은 1부의 신 인식의 바탕을 이루고 있다. 존재의 목적이 존재에 앞선다는 목적론적인 세계관은, 『신학대전』에서 "선이 존재에 앞선다"(질문 5)는 명제로 표현된다. 좋음 곧 선은 모든 존재가 바라고 이루고자 하는 존재의 목적이기 때문에, 목적이 존재에 앞선다는 신념은 선이 존재에 앞선다는 명제와 같다. 그리고 이 명제가 신에게 적용되면, 신은 선하기 때문에 존재한다는 명제가 된다. 신은 무엇보다 선한 존재다. 그리고, 신이 선하므로 만물이 존재한다는 명제도 따라온다. 피조물에 관해서는, 존재하는 것은 모두 선하다는 명제도 따라온다.

이렇게 보면, 신을 논하는 데 제일 중요한 개념은 선과 존재임을 알 수 있다. 이것은 인간과 모든 피조물에게도 마찬가지다. 인간을 포함한 천지만물이 있는데, "있는 것은 왜 있는가?"라고 물을 때, '왜'의 물음은 있는 까닭과 관련되기 때문이다. 그리고 그 까닭은 선의 문제이다. 있음은 인간이 지성으로 가장 먼저 인식하는 것이고, 있는 까닭은 있는 것을 있게 하는 그 근본 원인이요, 있음의 의미이다. 따라서 선과 존재를 가장 기본 개념으로 우주 만물의 존재와 진리를 생각한 것은 플라톤 이래 그리스 철학의 특징이기도 하다. 그리스도교 신학에서도 그런 개념들을 가지고 와서 활용한다. 물론 그리스도교 신학은 선이라는 중립적 개념보다는 사랑이라는 개념을 더 중시함으로써, 살아 있는 관계의 신을 말하고, 인간의 실존적인 차원을 중시했다. 그러나 적어도 자연신학적인 관점에서 신을 논하는 부분에서 아퀴나스는, 선과 존재라는 개념을 중심으로 전개했다고 보면 된다. 선은 목적과 관련이 있고, 존재는 선의 실현과 관련해서 이해하면 된다. 만물은 뭔가를 바라며, 뭔가를 위해서 존재한다. 바라고 위하는 게 목적이다. 그처럼 바라고 위하는 것을 가리켜 좋음 곧 선이라고 할 수 있다. 왜냐하면 누구나 좋은 것을 바라기 때문이다. 한자말로 선은 좋음이요, 좋은 것 외에 다른 것이 아니다. 질문 3부터 11까지 전개되는 신의 단순성과 완전성, 무한성과 불변성 그리고 유일성까지도 선과 존재의 개념을 중심으로 한 목적론적 관점과 도덕적 관점으로 설명된다.

선의 개념이 신 인식에 중요하다는 것은, 1부의 구조에서 드러난다. 질문 3부터 질문 11까지 자연적 신 인식을 다루는 부분에서, 선을 다루는 부분만 두 개의 질문을 차지하고 있다. 질문 5에서 일반적인 선의 문제를 다루고, 질문 6에서 하느님의 선함에 대해서 다룬다. 아퀴나스는 신학이 "사물들의 특히 이성적 피조물의 근원이며 목적으로서의 인식을 전하는 것"Ia,qu.2,intro이라고 했다. 이성적 피조물이란 인간을 가리킨다. 신학은 피조물 중에서도 인간에 관심을 두고 하느님을 말하는 것이다. 신학에서 말하고자 하는 하느님은 인간의 근원이 되면서 동시에 목적이 되는 하느님이다. 근원이라고 번역한 프린시피움principium은 맨 처음을 가리키고, 피니스finis는 끝을 가리키므로, 하느님은 처음과 끝인 하느님이다. 이것은 신이 시간적으로 맨 처음과 끝의 주인이라는 말로 이해할 수도 있다. 신학에서는 창조론과 종말론이 그 문제를 다룬다. 그러나 끝finis이라는 것은 인간이 궁극적으로 바라고 위하는 것 곧 인간의 목적이라고 할 수 있다. 좋은 것을 바라는 인간은 자기에게 최고로 좋은 선 곧 최고선인 하느님을 바란다. 그런 뜻에서, 인간은 하느님을 향해 존재한다. 아퀴나스가 말하고 싶은 게 그것이다. 근원principium은 제일 원인을 가리키는데, 선한 하느님이 세상의 제일 원인이 된다는 점이 중요하다. 신을 세상의 근원으로 보는 것은 세상이 선에서 나왔으며, 선한 힘이 세상의 바탕을 이루고 있음을 말하려는 것이다. 신은 우주론적인 차원에서 세상의 기원이지만, 세상이 존재하는 존재 이유로서, 세상이 바라는 대상이요, 세상의 목적이기도 하다.

아퀴나스는 신학이 다른 학문보다 우월한 까닭이 인간의 목적과 관련이 있다고 본다. 인간의 목적은 행복이라는 좋음을 찾는 것인데, 하느님을 찾아야 인간은 영원한 행복을 얻을 수 있다. 다른 모든 학문이 인간의 행복을 추구하기 위한 것이라면, 신학이야말로 궁극적 행복을 가져다주는 신을 전달하는 학문이므로, 다른 학문은 신학에 종속된다. "다른 학문은 신학의 시녀"라고 하는 말도 그런 배경에서 나온 것이다.

이제 존재와 선, 형상과 현실태 등의 개념이 어떻게 연관되어 있는지 살펴봄으로써, 아퀴나스의 복잡한 신 인식을 이해하는 데 도움을 주고자 한다.

아퀴나스는, "선과 존재가 사실상secundum rem 같은 것이며, 개념상secundum rationem 차이가 있을 뿐이다"Ia,qu.5,art.1,res.라고 한다. 선이라는 말에는 존재라는 말에는 없는, 바람과 욕망의 대상이라는 의미가 들어 있다. 개념상 다르다는 것은 그런 뜻이다. 또한 개념으로 볼 때, 존재가 선에 앞선다. 먼저 무엇이 존재한 다음에, 그것이 선하든지 선하지 않든지 할 것이다. 선을 추구해서 선하게 되는 것은, 존재한 다음의 문제다. 선은 존재의 속성처럼 보인다. 그렇기 때문에, 존재가 선에 앞선다고 해야 맞다.

그런데, "선과 존재가 사실상 같다"는 말은 무슨 뜻인가? 선은 존재가 생긴 다음에 추구하는 무엇이 아니라, 선이 존재를 생성한다. 아퀴나스에게서 선이란 어떤 사물의 자기 완전성이다. "모든 사물은 그것이 완전한 것인 한 선이라고 불린다"Ia,qu.5,art.5,res. 사물은 자기 완전을 욕구하고, 그 완전성이 사물이 추구할 선이며, 그것을 추구하는 마음이 선하다. 그러나 마음이 선하기 이전에, 추구할 자기 완전성은 원형으로서 이미 주어졌다. 그것을 가리켜 형상이라고도 하고 본성이라고도 한다. "존재는 모든 형상과 본성이 실현된 현실actualitas이다"Ia,qu.3,art.4,res. 사물은 질료와 형상으로 되어 있는데, 형상이란 추구할 대상 곧 자기 완전성을 가리킨다. 형상은 모든 사물의 참됨이라고 할 수 있다. 사람은 사람다워야 하고, 사냥개는 사냥개다워야 한다고 할 때, 그 '다움'을 이루는 것이 형상이다. 형상이란 참된 됨됨이를 가리킨다. 사물의 자기 완전성이 선이라면, 형상이 바로 선의 이념인 셈이다. 선은 욕구의 대상을 가리키고, 형상은 존재 형성의 핵심을 가리키는 말이므로, 개념상 다르지만, 사실상 형상은 이념적 선이라고 할 수 있다. 형상으로서의 선을 가리켜서 아퀴나스는 특별히 정선正善이라고도 하고, 덕의 완성이라고도 한다. 이 도덕적 선과 함께 안식과 참다운 행복이 있기 때문에, 덕의 완성이라고 하는 도덕적 선은 인간이 궁극적으로 추구할 선이다.

그런데, 사물은 질료에다가 형상을 실현함으로써 생성된다. "존재는 모든 형상과 본성이 실현된 현실"이라는 말이 그 뜻이다. 실현의 주체는 물론 하느님이다. 그리스도교 신학에 따르면, 하느님이 순수 가능태로서의 질료를 만들었고, 그다음에 자신의 생각을 따라 만물의 형상을 그 가능태에 부여해서 수많은 종류의 사물이 존재하게 된 것이다. 질료에 형상을 실현한 것이다. 이것을 형상의 분유分有, participatio라고 한다. 플라톤은 세상 만물의 원형인 선의 이데아에 만물이 '참여mētēchonta'한다고 보았는데, 가톨릭 학자들은 '분유'라고 번역한다. 하느님이 형상을 부여해서 만물이 있게 된 것이란 의미이다. 그러므로 존재하는 모든 것은, 가능태를 벗어나 형상이 실현된 현실태로서 존재한다. 그런 뜻에서 실체적 존재ens substantiale라고 부른다. 어떤 사물이 존재하게 된 것은, 그 사물의 참 됨됨이 곧 형상이 질료 속에 실현되어 있음을 의미한다. 그러므로 형상이 존재에 앞서고, 추구해야 할 선이 존재에 앞서는 것이다. 존재와 선이 사실상 같다는 말은 그런 뜻이다. 존재는 선의 현실화요, 현실태이다.

그런데, 존재는 선이 어느 정도만 실현되어 있는 것이다. 형상을 분유받은 것에 불과하지, 형상이 온전히 실현된 것은 아니기 때문이다. 모든 사물은 질료와 형상의 합성compositio이다. 질료는 형상이 실현될 자리이면서 동시에 형상의 완전한 실현을 방해하는 것이기도 하다. 그래서 모든 존재에게 선은 실현되어야 할 과제로 남아 있다. 플라톤은 질료를 악의 원인으로 삼았고, 스토아학파는 금욕주의를 통해 선을 실현하려고 했다. 육체의 정욕과 물질에 대한 욕심 때문에 선의 실현이 힘들어지는 인간 현실을 반영한 생각들이다. 플라톤은 세상의 형성을 질료와 선의 이념의 합성으로 보는데, 질료와 만난다는 점에서 추락이라고 할 수 있다. 세상의 현실이란 이념의 추락이요, 타락이다.

그러나 그리스도교에서 세상의 창조는 하느님의 추락이

아니고, 선의 추락도 아니다. 그 점을 잘 말해 주는 것이 아퀴나스의 가능태라는 개념이다. 질료를 악으로 보지 않고 오히려 장차 선으로 될 가능성으로 보는 표현이 아퀴나스의 '가능태'라는 개념이다. 질료는 형상 곧 선의 이념이 구체화되는 자리이다. 형상이라는 현실태와 질료라는 가능태의 결합은 선의 실현 가능성이라는 역동적인 생명의 작용을 유도한다. 질료는 방해물이기보다는 장차 실현될 선의 자리이다. 그리고 장차 질료 자체가 선으로 완전히 변해질 것이다. 질료가 선으로 변한다는 것은 영혼이 육체를 완전히 통제했을 때 가능한 얘기다. 그것이 인간의 자기완성의 모습이기도 하다. 아퀴나스의 현실태와 가능태 개념은 세상과 삶을 긍정하는 아퀴나스의 그리스도교적 낙관주의를 반영하고 있다. 그리고 현실을 선의 실현의 장으로 보려고 하는 도덕적 신념의 표현이기도 하다.

선이 사실상 존재와 같은 것이라면, "우리가 존재하는 한 우리는 선하다inquantum sumus, boni sumus, in as much as we exist we are good"Ia,qu.5,art.1,sed는 명제를 이해할 수 있을 것이다. "존재하는 것은 모두 선하다"는 명제는 플라톤도 언급했지만, 선한 하느님의 창조를 믿는 그리스도교에서 더 분명하게 주장되었다. 아우구스티누스가 이 명제를 여러 번 주장했던 것을 아퀴나스도 같은 근거에서 인용하는 것이다. 존재하는 모든 것은, 그것이 형상을 구현하고 있으므로 선하다는 것이다. 이것은 악하게 될 수 없음을 의미하는 것이 아니다. 이 명제를 인간에게 적용해 보자. 존재하는 인간에게는 참된 인간이라는 형상이 이미 어느 정도 현실화되어 있다. 그래서 어떤 사람을 보고 사람이라고 하는 것이다. 형상은 모양과 성질을 합한 개념이다. 어떤 사람이 사람의 모습을 하고 있을 뿐 아니라, 남의 불행을 보고 측은하게 여기는 마음과 불의를 보고 분노하는 마음 등을 지니고 있어서 사람이라고 한다. 그런 마음가짐이 인간 형상의 반영이다. 그런 점에서 "우리가 존재하는 한 우리는 선하다"고 하는 것이다.

그뿐만 아니라, 존재하는 모든 것은 본성적으로 자신의 형상 곧 자기 완전이라는 선을 추구하도록 만들어졌다. 자기완성의 경지를 공자는 종심소욕불유구從心所慾不踰矩라는 말로 표현했고, 칸트는 의지의 신성함 또는 덕의 완성이라고 하는 말로 표현했다. 그것은 모두 인간의 이념으로서 인간의 마음을 움직인다. 본성적으로 그런 선의 이념을 추구한다는 점에서 존재하는 사람은 모두 선하다고 하는 것이다. 물론 인간이 자신의 본성에 충실한 삶을 살지만은 않는다. 사람은 좋은 것을 좋아하고, 좋은 것을 가리켜 선이라고 하는데, 선에는 당장 쾌락을 주는 것이 있다. 쾌락을 주는 것이 나쁘지 않지만, 그것을 취하면 참된 인간의 모습과 충돌하는 경우도 많다. 사람은 참인간이라는 도덕적 선을 포기하고 쾌락을 취하여 악하게 되는 경우가 비일비재하다. "존재하는 모든 것은 선하다"는 명제는, 인간 세상이 만드는 악의 현실에도 불구하고, 본래 인간은 선하다는 점, 본래 우주의 바탕은 선이라는 점을 강조하면서 희망을 주려고 하는 명제이다. 질료를 가능태로 보는 것도, 자기완성이라는 목적 추구의 운동이 삶의 바탕을 이루고 있다는 신념의 표현이다.

선과 존재가 사실상 같은 것이라면, 선의 정도에 따라 존재의 정도도 정해지는 것인가? 고대 형이상학과 중세 그리스도교신학은 선의 정도뿐 아니라 존재의 정도도 말했다. 형상을 추구하는 마음이 반듯해서 덕을 완성해 가는 만큼 그 존재자의 선의 정도도 증가할 것이다. 그에 따라 존재의 정도도 더해 간다고 본다. 가장 선하고 가장 진실한 것은 최고도로 존재한다maximum ens. 하느님은 최고선이므로 최고로 존재한다. 존재 자체ipsum esse나 자기 존재esse suum라고 부르기도 한다. 아퀴나스는, 하느님이 존재한다는 명제는 동어반복이라고 본다. 하느님은 존재이기 때문이다. 물론 모든 피조물도 존재한다. 그러나 피조물이 곧 존재는 아니다 Ia,qu.3,art.4,res. 그러나 하느님은 존재다. 존재는 하느님의 술부에 들어가는 것이 아니라, 하느님 자신이 존재인 것이다. 세상에 존재하는 것들이 있음에도 하느님을 존재로 보는 것은, 최고선인 하느님이야말로 진짜 존재한다는 말을 하려는 것이다. 세상 만물도 존재하는 한 선하다. 그런데, 선한 만큼 존재하는 것이다. 이미 선의 형상이 반영되어 있어서 존재한다. 존재는 어느 정도 선이 실현된 선의 현실태이다. 앞에서 말한 대로이다. 그런데, 존재 속의 가능태를 현실태로 자꾸 바꾸어 더 선한 존재가 되면, 그는 그만큼 더 존재하는 것이다. 기본적으로, 피조물은 어느 정도 완전해서 어느 정도 선하고, 어느 정도 선해서 어느 정도 존재한다. 이와 같은 존재의 정도는 존재감 또는 존재의 영향력을 가리킨다고 보면 된다. 세상 사람들은 존재감을 더 느끼기 위해 부를 쌓고 권세를 탐한다. 그렇게 해서 존재의 힘도 더 발휘하게 된다고 믿는다. 그러나 선을 행하고 참사람이 되는 것이 존재감이 더 커지고, 그렇게 할 때 선한 영향력도 더 커진다는 것을 아퀴나스는 말하고 싶은 것이다. 선의 정도에 따라 존재의 정도를 말하는 아퀴나스의 의도가 거기에 있다.

그런데, 사물의 자기완성이 선이지만, 하느님은 모든 선의 근원이요, 원인이다. 이것은, 사물의 형상 곧 선의 이념이 하느님 안에 있는 하느님의 생각이라는 점에서 그렇다. 하느님의 생각idea은 결국 모든 사물의 이데아이다Ia,qu.15 참조. 플라톤이 말한 이데아가 아퀴나스에게서는 인간의 이념이기 이전에 하느님의 생각인 것이다. 세상은 하느님의 생각 또는 하느님의 지혜에서 나온 것이다. 사물의 바탕이 되는 형상도 하느님의 생각 안에 있는 것이다. 하느님의 생각은 곧 하느님이다. 그러므로 "모든 것은 자기의 고유한 완성을 욕구함으로써 하느님 자신을 욕구한다"Ia,qu.6,art.1,ad1. 자신의 완성이 사물의 존재 이유요 존재의 목적이라면, 결국 하느님이 사물의 목적이 되는 것이다. 세상 사물은 하느님 때문에 있고, 하느님을 향하여 있으며, 하느님을 위하여 있는 것이다. 하느님은 세상 사물의 존재 원인이요, 존재 이유이다.

아퀴나스는 아리스토텔레스의 네 가지 원인설을 가지고 하느님이 세상의 원인이 된다는 것을 설명한다. 네 가지 원인이란, 목적인causa finalis, 능동인causa effeciens, 형상인causa formalis 그리고 질료인causa materialis이다. 어떤 집을 지으려면 집을 짓는 목적이 있어야 하고, 그 목적에 맞는 본을 정해야 한다. 그것이 목적인과 형상인이다. 그리고 재료가 있어야 하는데, 재료를 가리켜서 질료인이라고 한다. 그리고 재료를 가지고 본에 맞추어 집을 짓는 작업이 필요한데, 그것을 능동인이라고 한다. 능동인 대신에 작용인 또는 운동인이라는 말을 쓰기도 한다. 네 가지 원인 중에서 질료인은 하느님에게 해당하지 않고 하느님의 피조물이다. 그것을 원인으로 보는 것은, 세상이 생기기 전부터 형상을 받을 가능태로서 있었기 때문이다. 아우구스티누스와 아퀴나스에 따르면 이른바 제일질료는 신의 피조물이다. 한편, 모든 사물이 형상의 실현을 통해 존재한다는 점에서 형상을 사물의 원인으로 본다. 그것을 가리켜 형상인이라고 한다. 형상인은 피조물 쪽에서 보면 선의 이념이고, 하느님 쪽으로 말하면 하느님의 생각 곧 로고스이다.

하느님과 관련해서 제일 중요한 것은 목적인과 능동인이다. 하느님이 만들었기 때문에 세상이 존재한다면 하느님은 능동인이 된다. 능동인은 결과물에 대한 원인을 가리키기도 하고, 사물의 존재나 사태를 이룩하는 운동력을 가리키기도 한다. 무어든지 할 수 있는 하느님의 전능성을 말할 때는 하느님이 제일 능동인임을 가리킨다. 아퀴나스가 능동인의 문제를 두고 제일 중요하게 생각하는 것은 선을 이루는 힘이 어디서 나오느냐는 것이다. 세상 만물의 존재의 능동인을 말할 때는 우주론적인 측면이지만, 능동인의 문제에는 도덕적 관점이 들어 있다. 인간이 가능태를 현실태로 만들어 참된 인간이라는 선을 이룩해가는 과정을 누가 주도하느냐는 문제이다. 여기서 하느님은 능동자agens 곧 인간의 도덕성 실현을 주도하는 분이다. 하느님은 존재자들의 존재를 주도하는 만큼, 존재자들의 선을 향한 욕구 운동과 마음의 움직임을 주도한다. 그런 면에서 사람은 하느님을 바란다. 여기서 하느님을 바란다는 것은, 하느님이 자신의 마음을 움직여 덕의 완성을 이루어 주기를 바란다는 말이다. "모든 것은 자기의 고유한 완성을 욕구함으로써 하느님 자신을 욕구한다"는 말이 그 뜻이다. 이것은 인문주의자들과 달리, 선을 행하는 것은 인간의 노력으로 되지 않고 하느님의 은총으로 된다고 믿는 그리스도교 신학의 신념에서 비롯된 표현이다.

그런데, 아퀴나스는 네 가지 원인 중에서 최고의 원인 곧 원인 중의 원인causa causarum은 목적인이라고 본다. 목적인이 능동인에 앞서는 까닭은, 목적이 있어서 움직이는 것이기 때문이다. 만물은 좋은 것을 바라며, 따라서 선이 사물의 목적이요, 모든 운동의 목적이다. 하느님은 최고선으로서 선의 근원이며, 따라서 목적 중의 목적이다. 만물은 하느님을 위하여 있다. 자기완성이라는 선도 하느님이라는 최고선을 향해서, 그것을 위해서 있는 것이다. 신학에서 볼 때 인간의 최고 목적은 인간이 도달할 어떤 선의 이념이 아니라, 살아 있는 하느님이다. 그리스도인이 추구하는 선은 궁극적으로 하느님이므로, 인간이 도달할 수 없는 것이다. 그 하느님을 좋아하고 욕구함으로써만 사람은 자기완성이라는 선에도 다가갈 수 있다. 하느님을 좋아한다는 것은 곧 하느님의 생각과 하느님의 뜻을 즐거워한다는 말이다. 하느님의 뜻과 생각은 곧 하느님이기 때문이다.

아퀴나스는 신의 이름에서도 '선한 분'이라는 것을 가장 중요하게 생각한다. 사람은 신에게 이름을 붙일 수 있다. 그런데 다른 이름들은 피조물과의 관계를 염두에 두고 붙인 이름이다. 예를 들어 창조주는 피조물이 아니라는 뜻이요, 무한자는 유한한 피조물과 다르다는 의미이다. 그러므로 신의 이름은 대개 상대적이고 부정적이다. 그러나 '선한 분'이라는 이름은 절대적이고 실질적인 이름이라고 본다. 그것은 덜 선하거나 악한 피조물과 비교해서 나온 이름이 아니라고 본다. 오히려 피조물에게서 보이는 모든 선은 이미 신에게 선재한다는 점을 보여주는 이름이다. 물론 인간의 앎의 한계 때문에 어떤 이름도 하느님을 완전히 표상하지 못하지만, 하느님을 가장 실체적으로 표현하는 이름을 '선한 분'에서 찾는다Ia,qu.13,art.2. 아퀴나스는 "하느님이 선하시므로 우리가 존재한다"는 아우구스티누스의 말을 인용하는데, 세상은 선의 자기확산의 결과임을 말하려는 것이다.

『신학대전』에서 다루는 일반적인 신 인식을 이해하는 데 필요한 기본적인 관점이 웬만큼 설명되었다고 믿는다. 그런데, 아퀴나스 신학의 가장 기본 개념은 현실태와 가능태이다. 자연적 신 인식에서 아퀴나스가 가장 먼저 말하는 것은 신의 단순성인데(질문 3), 단순성simplicitas은 한결같다는 말이다. 하느님이 한결같다는 것을 아퀴나스는 순수 현실태라는 개념으로 푼다. 순수 현실태란 가능태와 현실태의 합성이 아니라는 말이다. 앞에서 보았듯이 모든 존재자는 형상과 본질이 현실화되어 있다는 뜻에서 현실태라고 부른다. 인간을 포함한 모든 피조물은 어느 정도 현실태로 있다 Ia,qu.3,art.6,res. 그러나, 순수 현실태는 아니다. 왜냐하면 사물은 질료와 형상이 합성된 존재이기 때문이다. 그러므로 형상이 완전히 현실화되어 있지 않고, 가능태와 섞여 있다. 그러나 하느님에게는 질료가 없고 순수 현실태이다. 하느님은 영이시라는 말은, 하느님에게는 질료가 없다는 말이다. 다시 말해서 하느님은 자신의 본질이 완전히 실현되어 있는 존재이다. 본질과 존재가 일치한다. 그런 점에서 완전하고, 최고선이다.

하느님을 순수 현실태로 보는 것은, 누가 인간의 자기완성을 주도하느냐는 문제와 관련이 있다. 근대 이후에 도덕주체는 물론 인간 자신이다. 각자가 자기 양심이 명하는 대로 행동하는 자율적 주체이다. 그러나 신학에서는 선을 행하는 것을 하느님이 인도하는 것으로 본다. 아퀴나스는 하느님을 순수 현실태로 봄으로써, 인간의 선한 행실의 주도권을 하느님에게 두려는 것이다.

현실태란 말은 라틴어로 인 악투in actu이다. 오늘날 행동action이라는 말의 어원이 악투스actus이다. 그렇게 볼 때 현실태란 말은 행동과 연관이 있다. 하느님은 존재로서 순수 현실태이다Deus est in actu puru. 이 말은 하느님은 행동하는 자agens요, 능동적이며active 결코 수동적passive이지 않다는 것을 의미한다.

현실태가 행동한다는 뜻이라면, 선을 실현하는 운동 중에 있다는 말이다. 어떤 존재가 현실태라는 것은, 그의 형상이 질료에 실현된 것을 의미하면서, 동시에 가능성이 현실로 바뀌는 운동 중에 있다는 말과 같다. 이것은 물론 피조물의 경우에 해당하는 말이다. 인간은 인간성이 육체 속에 실현되어 현실적으로 존재하는데, 동시에 그 인간성의 실현을 위해서 운동 중에 있다. 인간성이라는 형상은 어느 정도만 실현되어 있고, 그래서 어느 정도로만 현실태로 있는 셈이다. 그럴 때 그 운동을 주도하는 것이 형상이다. 참인간이라고 하는 이념적 선의 형상이 인간의 마음을 움직이고 이끌어 참인간을 향해 노력하도록 하는 것이다. 물론 인간이 자유의지를 가지고 노력한다는 점에서는 인간도 능동자agens라고 할 수 있다. 그때 능동자로서의 인간이 그렇게 노력할 수 있는 힘은 그의 형상에서 나온다Ia,qu.3,art.2,res. 그리고 인간의 형상이 인간을 움직인다는 것은, 결국 현실태가 가능태를 현실태로 이끌고 움직인다는 것이다. 현실태actualitas가 행동actus하는 것이다. 논리적으로 보면 가능태가 현실태에 앞선다고 해야 할 것이다. 그러나 신학적이고 도덕적인 관점에서 보면, 이미 현실태가 있어서 그 현실태가 가능태를 현실태로 이끄는 것이다.

여기까지만 말하면, 인간 안에 선험적으로 주어진 도덕이념 자체가 동기가 된다는 칸트의 얘기와 다를 바가 없다. 그러나 아퀴나스는 여기서 순수 현실태로서의 하느님을 제일 능동자primium agens로 본다. 제일 원인을 능동인의 각도에서 보면 제일 능동자가 되는 것이다. 인간의 형상은 하느님의 생각 안에 있다. 그러므로 형상이 이끈다는 말은 하느님이 이끈다는 말이다. 하느님의 생각은 하느님의 말씀이다. 그러므로 형상이 이끄는 것은 하느님의 말씀이 이끄는 것이다. 하느님은 그 생각과 말씀에서, 모든 참의 "표본적 형상forma exemplaris"이다. 그런 점에서 하느님은 제일 능동자요, 인간이 참인간이 되어가는 작업을 이끈다. 아퀴나스는 다섯 번째 신 존재 증명에서 이렇게 말한다. "모든 자연적 사물을 목적으로 질서 지어주는 어떤 지성적 존재가 있다. 이런 존재를 우리는 하느님이라고 부른다"Ia,qu.2,art.3. 하느님의 통치gubernatio는, 모든 피조물의 목적인 순수 현실태가 피조물의 가능태를 목적인 현실태로 이끄는 일이다. 인간의 경우에, 인간 자신도 자유의지를 가진 능동자이지만, 제일 능동자인 하느님에게 이끌려 능동자의 역할을 한다고 보면 된다. 선을 행하는 것은, 사람이 하는 것 같지만, 하느님의 통치로 말미암아 이루어지는 일이라는 얘기이다.

한편 하느님을 순수 현실태로 보는 것은, 악한 세상에서도 선이 현실적 힘을 가지고 있음을 말하려는 것이다. 순수 현실태란 말 그대로 진짜 현실이라는 말이다. 앞에서 말했듯이 피조물들은 어느 정도만 현실태이다. 가능태와 섞여 있는 상태로만 현실태이기 때문이다. 그러나 하느님은 순수 현실태이므로, 피조물보다 더 현실적이다. 흔히 눈에 보이는 인간 세상만 현실로 인식하는 현대인에게 하느님이 더 현실적이라는 것은 이해하기 어려울지 모른다. 그러나 아퀴나스의 신학에서 하느님을 순수 현실태로 본 배경에는, 인간 세상과 다른 현실을 인정하려는 의도가 숨어 있다. 그것은 도덕의 문제와 연관되어 있다. 앞에서도 말했지만 신 인식에서 가장 기초적인 것은 선인 하느님이다. 그 선인 하느님이 순수 현실태인 것이다. 선한 하느님이야말로 가장 현실적인 현실이다. 인간 세상의 현실은 별로 선이 승리하는 것 같지 않다. 그러나 그처럼 눈에 보이는 현실만 있는 것은 아니다. 보이지 않게 일하시는 하느님의 현실이 있다. 최고선인 하느님은 현실적 존재이다. 그리고 현실태로서 행동하고 일하고 있다. 순수 현실태인 하느님의 선한 역사가, 어느 정도 현실태인 인간 세상보다 더 현실적이다. 그러니, 그것을 믿고 선하고 정의로운 삶을 살라는 말이다. 하느님을 순수 현실태로 보는 데에는 그처럼 선의 승리를 믿는 신념이 들어 있다. 사실, 아퀴나스에게서 현실의 반대는 가상이 아니라 가능성이다. 자기완성이라는 선이 실현된 현실이 있고, 아직 가능성으로만 남아 선하지 않은 가능태가 있다. 가능태는 됨됨이가 아직 덜된 것으로서 참됨의 결핍이다. 악이 판을 치는 것 같아도, 악은 독립적 지위를 가지지 못한다. 다만 아직 선이 현실화되지 않았으며 장차 현실화될 가능성으로 남아 있는 것이 악의 정체이다. 현실태와 가능태로 세상을 보는 아퀴나스의 생각에는 그런 낙관론이 들어있다. 그것은 순수 현실태인 선하신 하느님의 능력을 믿는 믿음에서 생긴 낙관론이다.

하느님을 순수 현실태로 봄으로써 아퀴나스는 하느님을 절대자로 만들었다. 하느님은 순수 현실태이므로 그 형상이 모두 실현되어 있다. 그래서 하느님은, 이미 완전한 하느님이지, 하느님이 되어가는 존재가 아니다. 하느님의 존재와 본질이 같다는 명제Ia,qu.3,art.4의 의미가 그것이다. 본질essentia이란 본성natura과 같은 의미로 쓰이고, 어떤 사물을 그 사물이게 하는 것quidditas이다. 그러므로 결국 형상과 같은 의미이다. 형상은 질료와 짝을 이루는 개념이고, 현실태는 가능태와 짝을 이루는 개념이고, 본질은 존재와 짝을 이루는 개념이다. 형상과 본질과 현실태는 같은 것을 다른 각도에서 설명하는 개념들이다. 피조물은 어느 정도 현실태이므로, 그 존재가 본질과 분리되어 있다. 인간이라는 존재에는, 인간의 본질이 완전히 실현되지 않았고, 본질에 어긋나는 상태도 많다. 그러나 하느님은 순수 현실태로서 형상이 완전히 실현되어 있으므로, 존재와 본질이 같은 것이다.

아퀴나스의 하느님은 통치할지언정 인간과 같은 종류로 서로 통하는 교통commnicatio이란 없다Ia,qu.4,art.3,ad1. 적어도 자연신학의 범주 안에서 아퀴나스는 인간과 하느님 사이의 교통을 인정하지 않는다. 이것도 하느님을 절대적 초월자로 만드는 개념이다. 하느님을 최고선이라고 할 때, 최고선은 피조물의 선에 무얼 더해서 되는 것이 아니다. 최고선은 피조물의 선에 관계만을 더할 뿐이다Ia,qu.6,art.2,ad1. 다시 말해서 하느님의 선함과 피조물의 선함을 서로 양적으로 비교할 수 없다는 말이다. 피조물의 선이 확장된다고 해서 최고선인 하느님에 도달할 수는 없다. 다만 하느님은 피조물과 관계하고 있다. 물론 아퀴나스는 신의 존재를 이성으로 밝히기 위해 결과로부터 원인을 추적해 올라가는 방법을 쓴다. 또한 피조물에 빗대어 유비적으로 하느님에 대해 서술할 수밖에 없다고 본다. 그래서 제일 원인이나 제일 능동인, 제일 능동자, 최고선 등의 개념으로 신을 표현한다. 그러나 제일 원인과 그것의 최초 결과는 질적으로 전혀 다르다. 그것을 표현하기 위해 아퀴나스는 '초과excessio'라는 말을 쓴다. 그는 원인과 결과 사이에 유사성similitudo이 있음을 말했고, 그런 의미에서 하느님을 가리켜 인간이 모방할 원형이요 표본example으로 본다. 모든 사물의 완전성 곧 형상이 하느님 안에 있기 때문이다. 이처럼 피조물과 하느님 사이의 유사성을 말하고 있는 관점을 가리켜, 후대 학자들은 존재의 유비analogia entis라고 부른다. 개신교 신학에서는 아퀴나스의 존재의 유비를 비판한다. 개신교는 하느님의 전적인 초월성을 강조하며, 하느님은 우리가 닮을 수 있는 존재가 아님을 강조한다. 그것은 인간의 자연이성의 타락을 강조하는 인간관과도 관련이 있다. 오직 은총으로만을 강조한 루터의 종교

개혁의 연장선에 있는 관점이다.

그런데, 아퀴나스 역시 신의 절대성을 확보하려고 한다. 그는 하느님이 만물에 공통된다commun고 말하고, 만물에 들어 있다고 말하는데, 그것은 피조물의 신성함을 말하는 것이 아니다. 하느님은 능동자로서 만물 안에 들어 있기 때문이다. 그러므로 아퀴나스가 본 신의 내재성은 하느님이 만물을 하나하나 통치하고 있음을 말하는 것이다. 그가 말하는 하느님과 피조물의 유사성은, 선한 하느님에게서 나온 만물이 선하다는 것을 말하려고 하는 것이다. 그리고 하느님을 목적으로 삼아야 함을 말하는 것이다. 그런 식으로 우선 하느님의 선함을 확보한다. 악한 것들을 만들어 낸 조물주를 선하다고 할 수는 없기 때문이다. 그리고 동시에, 세상이 현재 악해도 선해질 수 있음을 원리적으로 확보하려고 하는 것이다. 선의 실천을 염두에 둔 이론적 작업이 유사성이라는 개념으로 표현된 것이다.

아퀴나스가 『신학대전』에서 시도한 것은, 하느님의 초월성과 절대성을 확보하면서 동시에 세상이 선하게 변화될 가능성을 원리적으로 확보하는 일이다. 그래서 그는 유사성을 말했지만, 피조물이 하느님을 닮은 것이지 하느님이 피조물을 닮은 것은 아니라고 했다Ia,qu.4,art.3,ad4,93. 또한, 사물의 완전성이 하느님 안에 있다고 했지만, 그것이 사물보다 '우월한 양태로' 있다고 한다Ia,qu.4,art.2,res. 이것은 사물이 실현하려고 하는 자기 완전성이 하느님에게서 나간 것은 맞지만, 정작 하느님의 생각 안에 있는 형상은 사물에 분유된 형상과는 차이가 난다는 말이다. 모든 사물의 표본적 형상이 하느님에게서 나왔다고 보는 것은, 하느님이 사물의 창조주요, 통치자임을 말하려는 것이다. 그런데, 그런 형상이 하느님 안에 들어 있다고 함으로써 피조물과 창조주 사이를 연속선상에 놓인 것으로 만들 우려가 있다. 결과에서 원인을 찾아가는 신 존재 증명도 같은 비난을 받는다. 그러나 아퀴나스의 의도는 인간의 자기완성의 제일 근거primium principium이자 보편적 근거principium universalis를 하느님에게서 찾으려는 데 있다. 자기완성의 근거가 하느님에게 있다고 하기 위해서, 자기완성의 근거가 되는 형상이 하느님 안에 있다고 말하게 되고, 그래서 마치 피조물과 조물주가 연속선에 있는 것처럼 보일 뿐이다.

아퀴나스는 하느님과 피조물이 연속선상에 있지 않음을 강조하기 위해, 하느님은 인간이 접촉할 수 없는 분이요, 피조물과 교류communio가 있지도 않다는 점을 강조한다. 하느님과 인간은 그 존재와 선의 실행에서 원인과 결과의 관계에 있지만, 그 관계는 우리가 생각하는 관계가 아니다. 그 "관계는 하느님 안에 실재적으로 있는 것이 아니고, 다만 피조물 안에만 실재적으로 있는 것이다"Ia,qu.6,art.2,ad1. 하느님과 인간의 관계는 일방적이다. 하느님은 일방적으로 주고, 인간은 일방적으로 받는다. 존재와 선의 실행력에서 그렇다. 그런 일방적 관계는 엄밀한 의미에서 관계라고 할 수 없다. 그래서 하느님 안에 피조물과의 관계가 실재적으로는 없다고 한 것이다. 만일 하느님의 본질을 관계relation에서 찾는다면, 하느님이 상대적relative 존재가 될 것이다. 상대적 존재로서의 신은 인간에 의해 영향을 받고, 인간과 동반자로서 선을 이루는 존재가 될 것이다. 그런 신은 르네상스 이후 근대 인문주의 영향을 받은 신학에서 볼 수 있다. 그러나 중세의 아퀴나스는 하느님의 절대성을 확보하려고 한다. 결국 하느님과 피조물의 유사성은, 서로 닮았지만 닮지 않은 것이다.

그리고 하느님과 피조물의 관계는 관계라고 할 수 없는 관계인 것이다. 하느님은 인간이 모방해야 할 대상이면서 모방할 수 없는 대상인 것이다. 이것은, 하느님의 본질은 우리가 알 수 없다고 한 신 인식의 문제와 서로 통한다.

4. 살아 있는 하느님: 하느님의 지성과 의지와 사랑

자연이성으로 알 수 있는 하느님은 철학적으로 추론할 수 있는 개념적 신이다. 개념으로서의 신은 제일 원인으로서 우주론적으로 설명된다. 또는 목적인으로서 설명된다. 일종의 철학적 신인 셈이요, 요청된 신이라고 할 수 있다. 다시 말해서 현재 만물이 운동하기 위해서는 제일 능동자가 존재할 수밖에 없고, 결과로서의 현재의 만물이 존재하기 위해서는 제일 원인으로서의 신이 존재할 수밖에 없고, 현재 만물이 목적을 추구하기 위해서는 제일 목적인으로서의 신이 존재할 수밖에 없다. 철학적 신은 요청된 신이요, 이성적 사유를 통해 연역된 신이다. 칸트는 개인의 실천이성에서 요청된 신을 말했지만, 아퀴나스는 우주 만물의 생성 변화를 위해 요청된 신을 연역했다. 어떻든 특별한 신앙 없이도, 사변이성이든 실천이성이든 보편이성을 통해 연역된 신은 개념으로서의 신이고, 요청된 신이다.

아퀴나스는 일단 그런 철학적 신에서 출발했다. 누구에게나 있는 신 인식을 신학의 출발점으로 삼은 것이다. 그러나 개념으로서의 신과 인격적 신과는 거리가 멀다. 그리스도교 신앙은 보편이성으로는 알 수 없는 살아 있는 하느님을 믿는다. 그것은 성서에 계시된 신이며, 이성의 능력으로 추론되고 연역된 하느님이 아니다. 성서에 계시되고 신앙으로 믿고 이해하는 신이다. 개념으로서의 신이 아니라 살아 있는 신일 때, 개인과 친밀한 관계가 가능해지고, 기도할 수 있는 상대가 된다.

살아 있는 신이라면, 생각하고 마음을 먹고 마음을 쓰는 신이다. 말하자면 지정의知情意가 있는 신이 살아 있는 신이요, 인격적인 신이다. 개념적이고 철학적인 신은 지정의가 없다. 한 개인에게 일일이 마음을 쓸 수 없는 신이요, 보편적 섭리로서 인간을 통치하는 신까지만 말할 수 있다. 그러나 살아 있는 신은 보편적으로 역사役事할 뿐 아니라, 개별적으로도 역사한다. 그런 신이야말로, 철학자의 신이 아니라 민중의 신이 될 것이다. 말하자면 도덕에 의한 그리고 도덕을 위한 신이 아니라, 먹고사는 문제부터 자기완성의 문제에 이르기까지 인간의 삶을 위로하며 보살피는 신이 될 것이다. 그래서 아퀴나스는 신의 지성과 의지와 사랑을 말한다. 그것이 질문 14부터 질문 26까지의 작업이다.

먼저 아퀴나스는 신의 지성(앎)에 대해 말하고, 진리(참)에 대해서 말한다(질문 14부터 질문 17까지). 이것은 신을 전지전능全知全能하다고 보는 시각과 관련이 있다(능력의 문제는 질문 25에서 다루고 있다). 하느님은 뭐든지 아는 전지한 존재요, 뭐든지 할 수 있는 전능한 존재이므로 하느님이다. 그것과 연관해서 아퀴나스는 신의 지성 문제를 제일 먼저 다루는데, 이것은 지성이 욕구나 의지보다 앞선다는 생각에서 비롯된 것이다. 하느님은 뭐든지 생각하고 욕구하며, 생각 있이 마음을 먹는다. 하느님을 살아 있는 존재로 보기 위해서는 욕구와 의지를 말해야 한다. 그런데, 그 욕구와 의지가 아무런 생각 없이 나간 것이 아니라는 점을 강조하기 위해서 지성을 먼저 말한다.

『신학대전』에서 하느님이 사물의 원인이 된다는 것은 사물의 '생성변화'의 원인이 되는 것을 가리킨다. 사물을 존재하게 하는 원인이요, 사물이 자기 형상을 실현하도록 이끄는 원인이 된다는 말이다. 하느님은 모든 것을 다 알고 있고, 그 앎에 의지가 추가되면 사물의 원인이 된다 Ia,qu.14,art.8,res. 하느님이 생각하는 대로 의지의 작용이 일어나고, 의지한 대로 사물의 현실이 이루어진다는 말이다. 아퀴나스는 참 곧 진眞이 좋음 곧 선善보다 앞선다고 한다Ia,qu.16.art.4,res. 참은 지성의 대상이고, 선은 욕구의 대상이다. 다시 말해서 지적인 앎은 참을 알려는 것이고, 욕구는 좋은 것을 바라고 의욕한다. 그런데, 지성이 욕구보다 앞서기 때문에 참이 좋음보다 앞선다고 보는 것이다. 지성이 욕구보다 앞선다는 말은, 욕구하되 대상에 저절로 끌려가 욕구하지 않고, 생각하면서 욕구한다는 말이다. 그래서 좋은 것 곧 선을 욕구하되 참으로 좋은 것을 욕구한다. 이것은, 최고의 피조물인 사람과 동식물이 서로 다른 점이기도다.

사실, 생명의 문제를 다루면서 아퀴나스는 지성이 있는 존재를 더욱 살아 있는 존재로 본다. 자기 운동력을 가지고 있는 것이 생명인데Ia,qu.18,art.1 식물이나 동물은 이미 주어진 형상에 이끌려 본능으로 움직이지만, 인간은 지성을 가지고 스스로 판단해서 목적을 향한 운동을 한다. 그리고 하느님은 자기 목적적 존재로서, 이해가 자신의 본성이다Ia,qu.18,art.3,res. 이해하고 욕구하며 욕구한 대로 행동하여 현실을 만든다.

인간의 경우에는 생각하지 않고 욕구하는 경우가 있다. 대개 쾌락을 주는 것을 좋아하며 거기에 마음이 쏠린다. 그러므로 이해가 하느님의 본성이라는 말이나, 지성이 욕구보다 앞선다는 말이나, 참(진)이 좋음(선)보다 앞선다는 말은 모두 그런 인간 현상과 하느님의 차이를 말하려는 것이다. 다시 말해서, 하느님은 아무 생각 없이 욕구에 그냥 끌려가는 일이 결코 없는 존재라는 말이다. 지성과 의지와 욕구로 하느님을 설명하는 것은 인간에 빗대어 말한 것이지만, 그러나 그런 최고의 피조물을 뛰어넘는 것이 하느님이다.

사실, 진과 참이 선과 좋음보다 앞선다는 것은 이미 앞부분에서 얘기되었다고 할 수 있다. 선의 정의에 참이 들어간다. 참된 것이 선한 것이기 때문이다. 선이란 한 사물의 완전한 정도를 가리키는 것이요, 한 사물의 참다움에 따라 결정된다. 사람의 형상은 참사람이요, 참사람이 사람의 존재 이유이고 목적이다. 참사람이 되는 것이 선이다. 그러므로 개념상 참이 선에 앞선다.

참이란 두 가지인데, 하나는 지성이 참된 것이고, 다른 하나는 사물이 참된 것이다Ia,qu.16,art.1,res. 사물이 참되다는 것은, 사물이 하느님의 생각 곧 참됨의 이념을 반영하고 있음을 가리킨다. "자연 사물도, 신의 생각 안에 있는 종種을 드러내는 한 참되다"Ia,qu.16,art.1,res.는 말이 그 뜻이다. 신의 생각 안에 있는 종이란 사람이면 사람의 형상, 말이면 말의 형상 또는 본질을 가리킨다. 그것은 이념이라고도 부르는 것이다. 한편, 지성이 참되다는 것은, 제대로 인식하는 것을 가리킨다. 이것은 사물을 보이는 대로 보는 게 아니고, 그 사물이 형상과 일치하는가를 파악하는 것이다Ia,qu.16,art.2. 말이 참말인가, 사람이 참사람인가를 알아보는 것이다. 사물의 됨됨이를 보는 것인데, 사람다운 사람, 말다운 말을 알아보는 인식이 참된 지성의 작업이라고 할 수 있다.

아퀴나스는 존재와 선이 서로 호환되는 것처럼, 참과 존재도 서로 호환된다고 말한다Ia,qu.16,art.3,res. 앞에서, 존재하는 것은 다 선하다고 했다. 마찬가지로 존재하는 것은 다 참되다고도 할 수 있다. 그것은 모든 피조물이 하느님의 생각을 반영하고 있고, 따라서 그들의 형상을 담고 있기 때문이다. 다시 말해서 참을 담고 있기 때문에, 존재하는 모든 것은 참되다고 할 수 있다. 존재가 곧 참을 드러낸다. 그리고 하느님은 참될 뿐 아니라 참 자체다. 피조물은 자신의 참된 형상을 추구하면서 참이신 하느님을 추구하는 것이다. 하느님은 참이기 때문에, 인간의 욕구와 의지의 대상이다. 참사람과 하느님은 거리가 있고, 사람이 하느님을 바란다고 하느님이 되는 것은 아니다. 그러나 사람은 참 자체인 하느님을 바라면서 참된 자신의 모습을 만들어간다. 참 자체란, 모든 사물의 참된 모습을 생각 속에 담고 있는 하느님을 가리키는 말이다. 하느님은 참 자체로서, 피조물들을 산출하고 인간의 참된 인식을 이끈다Ia,qu.16,art.5,res.

그런데, 아퀴나스의 신을 보다 신학적인 존재로 만드는 것은 지성과 참의 문제보다, 신의 의지와 선에 관한 것이라고 할 수 있다. 아퀴나스는 아리스토텔레스의 주지주의를 따라 지성과 진리를 앞세우고 있지만, 아우구스티누스의 전통을 따라 의지의 차원을 중시하지 않을 수 없었다. 마음을 먹고 마음을 쓰는 차원이야말로 인간을 구원하기 위해 애쓰는 살아 있는 하느님의 모습을 보여주기 때문이다. 그러나 의지는 일종의 욕구 능력이고, 욕구란 결핍에서 생기는 것이다. 따라서 신의 의지를 말하는 것은 자칫 신을 주체subjectum로 만드는 결과를 가져온다. 아퀴나스의 개념에서 신은 순수 현실태라는 점에서 참된 실체이다. 주체라는 개념은 이차적이다. 아리스토텔레스의 형이상학에서 주체란 질료라는 가능태를 안고 있어 그것을 현실태로 바꾸어 가며 점차 자기의 본모습을 찾아가는 존재자를 가리킨다. 그러므로 원래 주체는 피조물에 사용하는 개념이다. 그러나 뒤에 보듯이 하느님의 지성과 의지의 작용을 말하는 아퀴나스는 주체라는 개념을 가지고 와서 삼위일체를 설명한다. 그래서 그리스도교의 하느님은 철학적 이념이 아니라 살아 있는 존재가 된다.

아퀴나스가 신의 욕구를 말할 때, 신은 무엇보다 자기 자신을 욕구한다. 이것은 하느님 내부에서의 삼위일체로 발전하는 개념이다. 하느님의 자기 관계를 형성하는 욕구는 결핍된 것을 욕구하는 게 아니라, 가진 것을 누리고 즐거워하는 욕구이다Ia,qu.19,art.1,ad2. 신이 자기 자신을 욕구하는 것은 곧 선을 욕구하는 것이다. 욕구의 대상은 선인데, 하느님에게는 자기 자신만 한 선이 따로 없기 때문이다. 한편, 선에 대한 욕구는 선의 확장에 대한 욕구이다. 이 점은 플라톤에게서부터 내려온 그리스 사상의 유산인데 아퀴나스가 받아들여 신을 설명하는 데 사용한다. 신에게는 가진 것을 나누고자 하는 욕구와 의지가 있다. 그래서 하느님은 먼저 자기 자신을 욕구하지만, 선을 나누어 선한 세상을 만든다. 세상의 창조는 선의 확대요, 선하신 하느님의 욕구와 의지에서 비롯된 것이다.

물론 신의 의지는 신의 생각에서 나가는 것이다. 의지란 마음을 먹고 마음을 쓰는 것인데, 신은 아무런 생각 없이 마음먹지 않는다. 그런 점에서 의지는 단순한 욕구와도 구별된다. 아퀴나스가 의지라는 개념을 쓸 때는, 지성이 있는 존재에 한해서 사용한다. 동물에게는 욕구는 있지만 의지는 없다. 동물적 감각의 본능에 의해서 그냥 행동이 나간다. 그러나 의지란 생각하고 마음을 먹고 쓰는 것을 가리킨다. 하느님은 지성적 존재이므로 의지가 있다. 그리고 그 의지는 필연성에 의해 작동하지 않는다. 신은 "본성의 필연성에 의하지 않고 그의 의지에 의해서 행동한다"Ia,qu.19,art.4,res. 그러므로 의지란 필연에 매이지 않고 자유롭게 마음먹는다는 의미를 지닌다. 아무것도 그렇게 하도록 정해진 것은 없다. 신은 다만 자유로운 가운데 스스로 자신의 선을 세상에 나누도록 마음을 먹고 그렇게 마음을 쓴다. 세상의 존재는 어떤 필연성에 의해서 생긴 것이 아니라, 선하신 신의 자유로운 결정에 의한 것이다.

물론 신은 필연적으로 자신의 선을 의지한다Ia,qu.19,art.10,res. 신이 악할 수는 없다는 말이다. 그러나 신이 악할 수 없다는 것은 신의 무능력을 드러내는 것이 아니라, 신의 무한한 선을 드러낸다. 이것은 선의 개념이 신의 본질 중의 본질을 이룬다는 말이다. 사실, 하느님의 능력도 아퀴나스는 선의 실행에서 찾고 있다. 능력potentia, 가능태이란 무얼 할 수 있는 힘이다. 그런데. 신의 능력을 가능성으로서의 힘에서 찾으면 안 된다. 하느님은 순수 현실태이기 때문이다. 하느님의 능력은 할 수 있음이 아니라 이미 하고 있음이다. 하느님은 무어든지 선한 것을 할 수 있으며, 할 수 있는 것을 이미 하고 있다. 그것이 하느님의 전능함omnipotens이다. 전능이란 말은 무엇이든지 생각하고 마음먹은 대로 이룰 수 있는 힘을 가리킨다. 그러나 전능하신 하느님이 무엇이든지 할 수 있다고 해서 악도 행할 수 있는 것은 아니다. 하느님의 전능함의 극치를 아퀴나스는 오히려 자유롭게 용서하는 데서 찾는다 Ia,qu.25,art.3,ad3. 자신의 정의의 법칙에 매이지 않고 무한한 선을 분유하는 데서 하느님의 최고 능력을 보는 것이다. 그러니까 하느님은 악도 행할 수 있는 자의적인 하느님이 아니다. 그러나 아퀴나스는 신이 "다른 것들에 대해 자유의지를 가진다"고 말한다. 선을 베푸는 것이 신에게는 필연적이지만, 인간으로서는 당연한 것으로 받아들여서는 안 된다는 것을 의미한다. 선의 필연성이란 신의 자유로운 은혜인 것이다. 그래서 인간으로서는 감사하지 않을 수 없는 것이다.

그리스도교 신학에서 하느님을 사랑으로 보는 것은 가장 중요한 명제 중의 하나이다. 그것은 종교 개혁 이후에 강화되었다. 그러나 아퀴나스 역시 신의 사랑 문제를 다룬다. 사랑이 선보다 더 실존적이고 관계적인 차원을 포함하고 있기 때문이다. 아퀴나스는 지성을 앞세우며 생각하는 욕구와 의지를 신에게서 찾았는데, 사랑의 문제는 그렇게 강조되지 않았다고 할 수도 있다. 과연 그는 '하느님은 선이다', '하느님은 참이다'는 명제를 언급하지만, '하느님은 사랑이다'는 명제를 다루지는 않는다. 그럼에도 그가 신의 사랑에 대해 다루지 않을 수 없는 것은 아우구스티누스 전통 때문이다. 아우구스티누스는 하느님을 사랑으로 봄으로써, 플라톤의 선의 이데아와 달리 그리스도교의 신을 살아 있는 인격적 존재로 만들 수가 있었다.

아퀴나스는 이렇게 말한다. "그(하느님)는 감정 없이 사랑한다sine passione amat." 흔히 사랑을 감정으로 이해하지만, 인문주의에서 감정은 자연적 욕구를 따라 발생하는 것으로 본다. 그것은 감각에서 발생하는 것으로서, 물질적이고 육체적인 쾌락으로 인도되는 장치이다. 아퀴나스가 말하는 사랑은 그런 감정이 아니라, 의지의 작용으로서 이루어지는 사랑이다Ia,qu.20,art.3,res. 의지적으로 사랑한다는 것은 억지로 사랑한다는 말이 아니라, 필연성에서 사랑하는 게 아니라는 말이다. 외부 사물에 이끌려 자기도 모르게 사랑하는 것이 아니라, 하느님이 주도적으로 사랑한다는 말이기도 하다. 또한, 변덕스러운 감정에 좌우되지 않고 마음먹고 사랑한다는 말도 된다. 그러니까 하느님의 사랑을 말한다고 해서, 피조물과 주고받는 어떤 감정의 교감을 생각해서는 안 된다. 피조물에게 선이 증대되기를 바라는 하느님의 마음, 그리고 그렇게 되도록 마음을 쓰고 작용하는 것을 가리켜 사랑이라고 한 것이다. 바로 그 사랑으로 창조가 이루어지고 또한 피조물의 완전을 향한 노력을 하느님이 주도하는 것이다. 그렇게 해서 하느님은 피조물이 자기와 하나 되기를 바란다. 사랑이란 하나 되게 하는 힘이다Ia,qu.20,art.3,ad3. 사랑이라는 개념을 통해서, 아퀴나스는 하느님의 선함이 자기 밖으로 나가 피조물을 섭리하는 것을 설명할 수 있었다. 사랑은 자기 밖으로 나가게 하기 때문이다Ia,qu.20,art.4,ad1.

감정 없는 사랑은 자비로 이해될 수도 있다. 물론 자비라면 상호 관계적이기보다는 일방으로 베푼다는 의미가 더 크다. 아퀴나스는 사랑에 대해서 말하지만 현대적 의미로까지 발전시키지 않은 채, 자비의 문제를 다룬다. 감정 없는 사랑의 모습은 자비misercordia로 설명될 수 있다. “다른 사람의 비참에 대해 슬퍼하는 것은 하느님께 적합하지 않지만 다른 사람의 비참을 제거하는 것은 하느님께 가장 적합하다” Ia,qu.21,art.3,res. 하느님은 사람의 고통을 같이 슬퍼하지는 않고 다만 베푼다. 그러니까 자비는 감정의 동요가 없이 결손을 메워 주는 것으로서, 아퀴나스가 생각한 신의 사랑을 잘 설명해주고 있다. 슬픔의 감정을 갖는다는 것은 피조물의 상황에 영향을 입고 수동적이 되는 것이다. 감정passio은 수동적passive이다. 순수현실actus purus인 하느님에게 수동태는 없으며 언제나 주도적으로 움직일 뿐이다. 그런 점에서도 하느님의 사랑은 감정 없는 사랑이요, 감정 없는 자비이다. 하느님의 선하심을 사랑과 자비로 풀되, 피조물과의 상호교감을 배제하고자 하는 아퀴나스의 의도가 엿보인다. 하느님의 선하심을 교감 없이 일방으로 베풀어주고 이끌어주는 것으로 설명하려는 것이다. 하느님을 사람을 상대하지 않는 절대자의 위치에 두고 사랑을 말하는 방식이기도 하다. 이것은 중세 신학의 특징이다.

5. 삼위일체

현대 신학에서는 신을 주체로 보지만, 그것은 인간의 지위가 향상되고 인문주의가 회복된 다음의 얘기다. 신의 결핍이나, 신과 인간의 상호교통과 같은 개념은 중세 아퀴나스 신학에는 들어 있지 않다. 그럼에도 아퀴나스는 자주체(히포스타시스)란 말을 가져와서 삼위일체 하느님의 자기 관계를 설명하며, 현대 신학에서 하느님을 주체로 보는 과정을 예비한다.

① 삼위일체라는 말이 성서에는 나오지 않는다. 그러나 삼위일체 교리는 성서에 바탕을 두고 있다. 신약성서에는 예수와 하느님을 아들과 아버지로 표현하는 구절이 있고, 둘을 하나로 보는 구절이 있다. 그리고 성령까지 포함해서 서로 동일한 하느님임을 암시하는 구절들이 있다. 그럼에도 삼위일체는 교회의 작품으로서, 그리스교 신앙을 정립하는 과정에 생산된 신학적 사변의 결과인 것이다. 그 안에는 초대 교회와 그리스도교 신앙의 인간관과 세계관 그리고 구원관이 반영되어 있다.

삼위일체三位一體가 교회의 공식 교리로 정해진 것은, 콘스탄티누스 황제가 소집한 니케아 공의회(325년)에서이다. 그 이후, 콘스탄티노플 공의회(381년)에서 약간 수정되어, 동방 교회와 서방 교회의 공동신조가 되었다. 처음에 성부와 성자 사이의 문제가 초점이었으나, 콘스탄티노플 회의에서는 성령의 위상을 재정립했다. 그래서 한 분 하느님 안에 성부Pater, the Father와 성자Filius, the Son와 성령Spiritus, the Spirit의 삼위가 있다고 본다. 문자 그대로 말하면 아버지와 아들과 영이다. 그런데 삼위가 모두 신성을 지녔기 때문에, 성부와 성자와 성령이라고 우리말로 표기하고, 서양 언어로는 첫 글자를 대문자로 쓴다. 삼위三位에서 '위位'를 가리키는 용어는, 그리스어로 히포스타시스hypostasis, 라틴어로는 페르소나persona이다. 그러니까 삼위란 세 히포스타시스, 세 페르소나이다. 그리고 성부는 성자를 낳고, 성령은 성부와 성자에게서 나온다(발출한다)고 표현했다. 그래서 성자는 성부의 독생자라고 표현하기도 한다. 삼위일체 교리가 정립되는 과정에 아타나시우스와 아리우스파의 대립이 있었고, 아리우스파가 이단으로 정죄되었다. 그리고 삼위일체를 설명하는 과정에 사벨리우스주의도 이단으로 정죄되었다. 아퀴나스도 이 사람들을 언급하며 비판하는 것을 볼 수 있다. 그리고 보에티우스(480~524)나 질 등의 학자 이름도 거론되는데, 이들은 아퀴나스가 인용하거나 비판하는 중세 신학자들이다.

아퀴나스는 질문 27부터 43에 이르기까지 1부의 상당 부분에서 삼위일체를 다루고 있다. 우선 아퀴나스는 삼위일체가 성서에 계시된 것이며, 이성으로 알 수 있는 것이 아니라고 한다. 자연이성에 의해서는 하느님이 한 분이라는 것unitas을 알 수 있지만, 위격의 구별이 있는 삼위일체를 알 수는 없다Ia,qu.32,art.1,res. 하느님이 존재한다는 것, 하느님은 한 분이라는 것은 철학적으로 알 수 있고 이성으로 증명된다. 그러나 삼위三位의 문제는 증명되는 것이 아니라, 권위에 근거한 믿음의 대상이다Ia,qu.32,art.1,res. 철학자들이 말하는 신은 일종의 이념으로서, 그리스도교에서 말하는 살아 있는 인격적 존재가 아니다. 신이 살아 있는 인격적 존재임을 표시하고자 하는 용어가 삼위이다. 그래서 페르소나persona 곧 오늘날 인격체를 표현하는 말을 사용해서 삼위를 표현하고자 한다. 플라톤이나 신플라톤주의에서는 초월자를 가리켜 하나라고는 하지만, 세 인격을 말하지는 않는다. 우리나라에서는 인격 대신에 위격이라고 번역해서 쓴다. 이중인격 또는 삼중인격이라는 말이 부정적인 의미를 지니기 때문이다.

삼위라는 말을 통해 세 인격을 가진 신을 말하는 것은, 그리스도교의 신이 그리스의 이념과 달리 매우 초월적 존재이기 때문에 생기는 문제이다. 그리스도교는 그리스 인문주의에 비해 인간의 죄를 더 심각하게 보고, 따라서 하느님은 매우 초월적 존재가 된다. 세상의 타락이 크다고 보면 순수한 선인 하느님은 그만큼 세상과 거리를 두는 초월자가 된다. 그런데 하느님이 그처럼 매우 초월적 존재가 된 이후에 발생하는 문제는, 어떻게 초월적 신이 내재하느냐는 것이다. 내재를 말하지 않으면 아무런 의미가 없는 신이 된다. 초월자는 인간과의 관계를 통해서만 인간에게 의미가 있기 때문이다. 그런데, 초월자의 내재란 그 초월성 다시 말하면 순수성을 상실할 위기를 수반한다. 그래서 그리스도교의 신은 그 안에 세상과 만나는 접촉점을 설정해야 했다. 그것이 삼위의 문제의식이다.

하느님은 한 분이지만, 그 안에 절대적 초월자로서의 지위와 함께 세상과 접촉하는 지위가 같이 들어 있어야 한다. 초월자의 모습은 성부the Father, 聖父이고, 세상과 접촉하는 하느님의 모습은 성자the Son, 聖子와 성령the Spirit, 聖靈이다. 성서에 따르면 성자는 세상 창조에 관여하고요한 1:4, 육신을 입고 이 땅에 오신 하느님이다. 이처럼 세상의 창조와 구원의 역사에 하느님은 성자의 모습으로 일한다. 그리고 성령은 피조물 안에 들어 있는 하느님이다. 영으로서 우리의 마음을 움직이는 하느님이 성령 하느님이다. 그러므로 한 분 하느님 안에, 성부는 하늘에 있는 하느님으로서 초월자로서의 지위를 상징하고 있으며, 성자와 성령은 세상과 함께 하고 구원하는 내재자로서의 지위를 상징하고 있다.

이런 설명은 삼위일체를 세상과의 관계에서 설명한 것이다. 대체로 삼위일체는 라틴 쪽의 경세적 삼위일체economic Trinity와 그리스 헬레니즘 문화권에서 발달된 '내부의 삼위일체immanent Trinity'(흔히 내재적 삼위일체라고 한다. '내재'라는 말은 하느님의 세상에 대한 내재와 혼동될 수 있으므로 '내부'라는 말을 사용하는 것이 낫다)로 나눌 수 있다. 경세적 삼위일체란 하느님이 세상과 관계하는 방식에 따라 성부와 성자와 성령을 구별하여 인식하는 신론이다. 그리고 내부의 삼위일체란 하느님 내부에서 일어나는 관계를 가리키는데, 하느님과 하느님의 관계 곧 성부와 성자와 성령 사이의 관계를 가리킨다.

아퀴나스는 『신학대전』에서 특별히 하느님 내부의 삼위일체를 설명하는 데 공을 들인다. 그러나 하느님 내부의 자기 관계는 세상과의 관계를 위한 것이라고 할 수 있다. 내부의 삼위일체는 경세적 삼위일체의 논리적 근거를 마련하는 것이라 할 수 있다. 초대 교회는, 하늘의 하느님이 이 땅에 와서 인간과 함께한 사건 곧 예수 그리스도의 사건을 이해하는 과정에 삼위일체를 고백했다. 그러니까 삼위일체는 절대 초월의 하느님과 세상을 구원하기 위해 세상에 온 하느님을 모순 없이 일치시키기 위해 고백하는 교리이다. 하늘의 초월적 하느님은 그전에도 믿었는데, 인간 앞에 나타난 나사렛 예수에게 신성神性을 인정하면서 문제가 생긴 것이다. 일단 그리스도를 하느님으로 고백한 후에, 하늘의 하느님과 역사적 예수를 다른 존재로 보면, 하느님이 둘이 된다. 그러므로 예수 그리스도의 신성과 하늘 하느님의 신성을 유일신 신앙 안에서 설명하는 방법을 찾은 것이 삼위일체 교리이다. 그러기 위해, 두 분은 서로 다르면서 같은 분이라 고 고백해야 했다. 성령도 마찬가지이다. 그리하여 서로 다르다는 것이 세 인격 또는 세 위격으로 설명된 것이고, 서로 같다는 것은 한 분 하느님이라고 표현된 것이다. 이런 논리적 모순을 가리켜 아퀴나스는 인간 인식의 한계라고 보기도 하고, 초월적 진리의 신비로 이해하기도 한다. 인식의 한계 안에서 유비를 이용해 최대한도로 설명하는 것이 삼위일체 교리이다.

『신학대전』에서 아퀴나스는 전반적으로 하느님을 매우 초월적이고 절대적 존재로 이야기한다. 삼위일체 교리가 하느님과 하느님의 관계 곧 하느님 내부의 관계를 설명하는 데 초점이 맞추어져 있는 까닭도 거기에 있다. 하느님 내부를 말하는 것은, 하느님 안과 하느님 밖이 나누어져 있다는 얘기이다. 하느님 밖은 피조물의 세상이다. 그러므로 하느님 안을 말한다는 것은 이미 하느님이 세상과 별개의 존재임을 전제로 하고 있다. 하느님은 세상에 대해 별개의 초월적 실체인 것이다. 그러나 초월적 하느님만으로는 의미가 없다. 그 하느님이 세상과 어떻게 관계하고, 세상에 어떻게 영향을 주는지 그 활동이 설명되지 않으면 하느님은 인간에게 아무런 의미가 없어진다. 그러므로 삼위일체에 관한 설명은 뒤에 이어지는(질문 44 이하) 세상의 창조와 보존과 통치의 부분과 떼어 놓을 수 없다. 창조와 보존과 통치는 초월적 하느님의 내재와 관련된 것이다. 하느님은 그 자체로 자족하며 존재하는 절대 초월자이지만, 그럼에도 세상을 위해 어떻게 세상과 접촉하고 관계하며 일하고 있는지를 말하는 것이 하느님의 내재 부분이다. 아퀴나스는 한 분 하느님 내부의 세 위격을 설명하는 데 많은 부분을 할애하고 있지만, 복잡한 설명 뒤에는 초월자 하느님이 세상에 내재하고 구원하는 일을 준비하기 위한 의도가 숨어 있다. 다시 말해서 아퀴나스가 『신학대전』에서 설명하는 하느님 내부의 삼위일체는, 성서의 하느님이 세상을 보존하고 통치해서 인간과 자연을 구원한다는 사실을 말하는 데 초점이 맞추어져 있다. 삼위일체 논의의 맨 끝(질문 43)에 파송이 나오는 까닭도 거기에 있다. 파송이란 하느님 내부로부터 외부로 향하는 것인데, 하느님의 외부 작용은 구원사업을 가리킨다.

아퀴나스는 삼위일체론을 질문 27에서 43까지에서 다루고 있다. 위격의 발출, 관계 그리고 위격 자체의 순서로 논의한다Ia,qu.27,intro. 질문 27에서는 위격의 발출을 말하고, 질문 28은 위격들의 관계를 말한다. 질문 29부터 38까지는 위격 자체에 대해 논하는데, 질문 32까지는 세 위격 모두에 해당되는 논의이다. 위격의 정의(29), 위격의 숫자(30), 위격들끼리의 차이와 유사성(31), 위격의 인식(32)을 논한다. 질문 33부터 38까지는 세 위격을 하나씩 차례로 소개한다. 성부(33), 성자(34~35), 성령(36~38)의 순서를 따라 논의를 전개한다. 그리고 질문 39부터 43까지는, 위격과 본질(39), 위격과 관계(40), 위격과 인식적 표징(41)을 비교하고, 위격 상호 간의 비교를 한 후에(42), 파송을 얘기한다(43).

② 아퀴나스는 하느님의 발출에서부터 삼위일체론을 시작한다. 발출processio은 '어디로부터 나왔다'는 말인데, 요한복음에 나오는 낱말이다. 요한복음 8장 42절에는, 예수께서 "내가 하느님께로부터 나와서 왔음이라"고 하는데, 아퀴나스는 이 구절을 사용하여, 예수가 하느님에게서 발출한 존재로 본다. 예수는 하느님에게서 나온 하느님의 아들 곧 성자인 것이다. 요한복음에는 또한 성령도 하느님에게서 나왔

다고 하는 구절이 있다. "아버지께로부터 나오시는 진리의 성령이 오실 때에 그가 나를 증언하실 것이다"15:26.

발출processio이란, 무언가를 밖으로 낸다는 뜻의 산출productio과 비슷하다. 그러나 산출이란 하느님이 피조물을 내는 것을 가리키는 데 사용하는 말이다. 이 발출이란 개념을 가지고 아퀴나스는 하느님 내부에서의 어떤 운동을 가리키고 또한 하느님과 하느님의 관계를 설명하고자 한다. 다만 이때의 운동actio은 질료를 가진 피조물의 운동과는 달리 시간의 흐름 속에서 이루어지는 것이 아니다. 내부 운동을 통해 하느님이 살아 있는 존재임을 표현한다. 아리스토텔레스는 신을 가리켜 부동不動의 동자動者라고 했다. 그가 말하는 신의 운동은 세상을 움직이는 운동이다. 신의 바깥을 향한 운동이다. 그러나 아퀴나스는, 이념이 아닌 살아 있는 신을 말하기 위해, 신 내부의 운동을 말하고 있는 것이다. 그리고 그 운동은 신 내부의 관계를 형성한다. 내부의 운동과 관계는 신을 살아 있는 존재로 만들면서, 동시에 세상과 관계하는 신을 만든다. 그리고 운동을 통해 내부의 자기 관계를 형성하는 것으로부터 신에게 인격(페르소나)이라는 말을 적용할 수 있다.

한 존재자가 자신과의 내부적 관계를 가지고 있다면 지성적 존재요, 인격체라고 할 수 있다. 생각이 없이 본능으로 행하는 동물의 경우에는 자기 관계가 없다. 자신을 떨어뜨려 놓고 생각하는 능력이 없다. 아퀴나스는 자신을 떨어뜨려 놓고 보는 것을 대립oppsosita이라는 말로 표현하는데, 후대에 서양철학에서 말하는 대자적對自的 관계를 생각하면 된다. 짐승은 자기와의 거리가 없어 즉자적卽自的이지만, 생각하는 인간은 대자적이다. 그러므로 자기와의 관계란 지성적 존재의 특징이다. 결과적으로 발출이란 개념은, 하느님을 살아 있는 지성적 존재로 이해하는 데 도움을 준다. 이것을 아퀴나스는 '원인 안에서 일어나는 자기 관계'라고 본다. 다시 말해서, 원인이 결과를 낳고 그 결과와 관계를 맺는 것과 달리, 만물의 원인인 하느님 안에서 어떤 자기 관계가 형성되는 것을 가리킨다Ia,qu.27,art.1,res.

원인에서 결과가 산출되는 것은 하느님이 피조물을 산출하는 것이다. 세상은 하느님에게서 산출된다. 하느님 내부에서 일어나는 발출의 운동에는, 발출하는 자와 발출된 자

사이의 동일성 또는 동일한 본질이 전제되어 있다. 그리고 본질이 동일한 인격체(위격)들 사이에서만 진정한 관계가 있다고 할 수 있다. 아퀴나스는 관계relatio라는 말을 사용하는데, 이는 하느님과 피조물 사이보다는 하느님과 하느님 사이에 적용되기에 더 적합하다. 왜냐하면 원인과 결과 사이, 즉 하느님과 인간 사이에는 진정한 관계가 성립되지 않기 때문이다. 하느님은 피조물의 존재를 산출한 절대자요, 피조물은 자신의 존재와 행위를 하느님에게 절대적으로 의존하고 있기 때문이다. 관계라는 말을 대등한 지위에 있는 자들 사이의 상대相對(아퀴나스가 사용하는 opposita라는 말)라고 보면, 절대자絶對者 하느님께 절대적으로 의존하고 있는 인간은 하느님과 상대할 수 없는 자요, 그러므로 하느님과 인간 사이에는 엄밀한 의미에서 관계가 성립되지 않는다. 하느님은 피조물과의 관계에서는 절대요, 자신의 내부 관계에서 비로소 상대하는 존재가 된다. 그런 의미에서, 아퀴나스의 중세 신학에서는, 하느님과 피조물의 관계보다 하느님 자신의 내부 관계가 더 생생한 관계로 인식되는 것이다. 그 점은 앞에서도 언급했다.

하느님과 인간의 관계 문제는 인간의 자율성을 얼마나 인정하느냐에 따라 중세와 현대 신학이 다르다. 그러나 적어도 중세의 아퀴나스는 하느님의 절대성을 강조한다. 그래서 신과 인간의 관계 또는 신과 세상의 관계는 필연적이지 않고 우연한 것이며, 참된 관계라고 할 수 없다. 그래서 관계relatio라는 말을 통해 아퀴나스는 무엇보다도 하느님 내부의 자기 관계를 표현하고 싶어 하는 것이다.

한편 발출이란 말 대신에 유출emanatio이란 말이 사용되기도 한다Ia,qu.27,art.1,res. 이 말은 신플라톤주의의 창시자 플로티누스(Plotinus, 204~270)가 일자一者에서 세상이 생겨나는 원리를 설명하기 위해 사용한 개념이다. 흘러넘침을 가리키는데, 초월자와 세상의 이원론을 막으려고 한 것이다. 그러나 그리스도교에서는 이 개념을 창조의 원리로 사용하지 않는다. 이 개념에서는 초월자와 피조물의 질적인 차이가 사라지기 때문이다. 아퀴나스는 유출이란 말을 세상 창조를 설명하는 데 사용하지 않고, 신 내부의 운동을 설명하는 데 사용하고 있다. 유출은 신의 본질이 유지되는 가운데 발생하는 내부 운동을 표현하는 데 적합하기 때문이다.

발출이 있으면, 발출의 기원과 발출된 것 사이에 관계가 형성된다. 바로 이 관계를 말하기 위해 아퀴나스는 발출을 거론하고 있다. 성부와 성자의 관계를, 생각하는 존재와 생각의 관계로 설명한다. 이것은 아우구스티누스의 사상을 활용한 것이기도 하다. 아우구스티누스는 인간이 하느님의 형상이므로, 인간에게 있는 것을 하느님에게 유비적으로 적용할 수 있다고 보았다. 그리고 인간의 본질을 형성하는 것은 지성과 사랑이라고 보았다. 아퀴나스는 아우구스티누스를 따라 지성과 사랑을 가지고 하느님의 내부의 삼위일체를 설명한다. 사랑에는 욕구 능력인 의지도 포함된다.

앞에서도 보았지만, 하느님은 무엇보다 먼저 지성적 존재이다. 다시 말해서 생각하는 존재이다. 생각하는 하느님은 생각concept을 잉태한다conceive. 어원적으로 개념이나 생각은 지성적 존재 안에 회임되고 잉태된 것을 가리킨다. 하느님은 다른 사물을 생각하기보다 먼저 자기를 생각한다. 이것은 이성을 가지고 있는 인간에 빗대어 하느님의 지성을 말한 것이다. 인간은 의식이 있으며 자기에 대해 생각하는 존재이다. 이른바 반성reflection하는 존재이고, 대자對自적 존재이다. 마찬가지로 하느님에게도 생각의 첫 번째 양상은 자기 생각이다.

그런데, 하느님에게서 생각된 자기는 생각하는 자기와 같다. 인간의 경우에는 생각하는 나와 생각된 내가 동일하지 않을 수 있다. 나는 나를 잘 알지 못하고, 나를 찾아야 할 뿐이다. 다른 사물을 인식하는 경우도 마찬가지다. 인식이란 사물 자체가 아닌 사물의 이미지가 감각으로 들어와 생기는 것이다. 그러므로 사물 자체를 안다고 할 수 없다. 그러나 하느님의 경우에는 다르다. 하느님은 다른 무엇보다 먼저 자신을 생각하고 안다. 그리고 생각하는 하느님과 생각된 하느님은 동일하다. 그러면서 생각한 하느님은 생각된 하느님과 관계를 갖는다. 생각은 활동인데, 생각과 생각하는 자와 생각된 자는 하느님 안에서 모두 같은 하느님이다. 이것이 아퀴나스가 하느님의 지성을 통해 발출하는 하느님 내부의 자기 관계를 설명하는 방식이다. 여기서 생각하는 하느님은 성부이고, 생각된 하느님은 성자이다.

그런데, 하느님의 생각은 곧 하느님의 사랑이다. 우리말에서 누구를 생각한다는 것은, 사랑한다는 말도 된다. 그렇듯이 하느님이 하느님을 생각하는 것은 하느님이 하느님을 사랑하는 것이다. 생각의 발출은 곧 사랑의 발출이라고 할 수 있다. 사랑은 욕구와 의지의 문제이다. 생각하는 하느님인 성부와 생각된 하느님인 성자의 관계는 생각 자체라고 할 수도 있다. 그러나 바람과 욕구로 표현하면 사랑이라고 할 수 있다. 생각하는 하느님으로부터 생각된 하느님에 대하여 사랑이 발출된다. 이때 사랑은 영 곧 성령을 가리킨다. 성부로부터 성자와 성령이 발출되고, 성령 하느님 안에서 성부는 성자는 사랑하고 성자는 성부를 사랑한다.

사실, 생각이란 낱말은 플라톤의 이데아를 연상케 하고 실제로 그리스 철학의 이데아나 형상의 역할을 하는 면이 있다. 하느님의 생각인 성자는 바로 세상 창조의 원리인 로고스와 일치하기 때문이다. 그러므로 하느님이 살아 있는 존재임을 말하는 데는 지성보다는 사랑을 들어 설명하는 게 낫다. 생각보다는 사랑이, 살아 있는 하느님의 행동motio을 더 잘 표현해 주고 있다Ia,qu.27,res. 하느님을 사랑이라고 할 때, 아퀴나스에게서는 먼저 하느님의 자기 사랑이 중요한 주제이다. 인간에 대한 사랑을 말하기 전에 먼저 하느님 내부에서의 자기 사랑이 중요하다Ia,qu.27,ad2. 사랑은 성부와 성자를 하나로 묶는다. 사랑은 하나 되게 하는 힘이기 때문이다. 생각의 발출을 통해 내부의 자기 분열을 감행한 하느님이 생각된 자기에 대한 의지적인 사랑을 통해 자기통합을 이루는 것이다. 인간에게서 생각한다는 것은 감정에 이끌리지 않고 의지로 감정을 통솔하는 것을 가리킨다. 그것을 유비적으로 하느님에게 적용한다. 그러므로 하느님 내부에서 볼 때 삼위일체는 하느님의 자기 분열과 자기 통합의 운동이라고도 할 수 있다. 그러므로 하느님을 가리켜 한 분unitas이라고는 하지만, 단일하다singularitas고 하지는 않는다.

성부와 성자는 각각 생각하는 하느님과 생각된 하느님인데, 그 둘이 아버지와 아들의 관계처럼 낳고 낳아지는 관계라는 것이다. 낳는다generatio는 표현은 앞에서 보았듯이 생각의 회임으로 설명된다. 그리고 동시에 그것은 말씀의 발출을 가리키기도 한다. 생각은 곧 말로 이루어지기 때문이다. 하느님은 하느님의 말이기도 하다. 성자를 가리켜 말씀이라고 하는 까닭은 거기에 있다.

③ 그러나 생각되는 하느님을 생각하는 하느님과 다른 하

나의 인격체persona로 굳이 인정할 필요가 있을까? 인간으로 보자면 생각하는 나와 생각된 나는 별개의 실체가 아니다. 그러나 내가 생각하는 내가 정말 나인가 물을 수 있다. 또는 때로 낯선 나를 발견한다. 그럴 때, 생각하는 나와 생각된 나는 별개의 낯선 두 존재처럼 여겨지기도 한다. 이른바 나라고 하는 것의 실체 자체가 의심스럽게 된다. 이런 모든 문제를 아퀴나스의 하느님에게 적용할 수는 없다. 하느님에게는 낯선 하느님이란 것이 용납되지 않기 때문이다. 물론 하느님도 지성적 존재이고 그래서 자기를 생각하며, 자기와 자기의 거리가 있다. 그러나 인간의 자기분열과 달리, 하느님 안에는 어떤 낯선 요소도 없다고 해야 할 것이다. 하느님은 단순하고 유일하며 본질과 존재가 일치하기 때문이다. 하느님이 가능태 없이 순수 현실태라는 것도 하느님은 낯섦을 모른다는 의미를 지니는 측면이 있다.

그러나 그리스도교에는 십자가의 하느님이 있다. 십자가에 달린 예수 그리스도를 하느님과 같은 분으로 믿는 것이 그리스도교 신앙의 핵심이다. 초대 교회에서 아리우스와 아타나시우스의 논쟁에서 핵심적인 문제는, 예수 그리스도가 하느님과 동일한 분인가에 있었는데, 같은 분이라는 결론이 내려졌다. 그런 점에서 아퀴나스 역시 세 위격이 본질이 같은 한 분 하느님임을 여러 차례 강조한다. 그런데, 그렇게 되면 자칫 예수 그리스도의 수난은 곧 하느님의 수난이고, 성자라는 인격체의 수난은 성부라는 인격체의 수난으로 전달된다. 초대교회는 그것을 막으려고 했다. 왜냐하면 예수 그리스도 곧 성자 하느님의 수난에도 불구하고 하느님은 수난 받지 않는 전능한 존재여야 하기 때문이다. 전능하지 않으면 하느님이 아니기 때문이다. 그러나 그리스도교의 특성은 성자 하느님의 수난에 있다. 다시 말해 하느님은 전능하시지만 동시에 세상을 위해 수난을 받으신 분이라는 것이 그리스도 신앙의 핵심이었다. 그러니까 그리스도교는 전능하신 하느님과 수난 받으신 하느님을 동시에 말하고자 했던 것이다. 전능하다면 수난을 받지 말아야 하는데, 그 둘의 변증법적 통일이 그리스도교 신앙의 핵심을 차지하고 있었다. 수난 받는 하느님은 수동적인 존재이다. 그것은, 전능한 하느님이라면 오로지 능동적 작용인이어야 한다는 대전제와 모순된다. 그렇게 보면, 수난 받는 하느님 곧 성자 하느님은 성부 하느님에 대해 낯선 하느님이다. 물론 아퀴나스는 『신학대전』에서, 하느님 내부의 삼위일체에 관심이 있었기 때문에, 성부와 성자의 동일 본질에 집중했고, 성자의 수난을 신성의 수난으로 보지 않는다IIIa,qu.46,art.12,res. 그러므로 성자가 성부에게 낯설다는 것은 아퀴나스에게는 최대한 억제되어야 하는 표현일 것이다.

그러나 삼위가 서로에게 타자라는 점을 아퀴나스는 분명히 한다. "성자는 성부께 대한 타자이다Filius est alius a Patre." 그런 점에서 성자 하느님은 성부 하느님과 구분되는 분으로 이해될 수 있다. 전능하신 하느님을 성부로 보고, 수난 받는 하느님을 성자로 본다. 그리고 그 둘을 구분되는 실체로 볼 때만이, 하느님의 전능성이 침해받지 않는다. 이른바 '성부 수난설'을 막을 수 있다. 다시 말해서 '삼위'라고 할 때의 그 위격의 문제는 하느님의 구원사업에서 발생하는 자기비하가 하느님의 거룩한 초월적 본질을 해치지 않도록 하는 데서 비롯된 것이라고 할 수 있다. 그러므로 성부 수난설을 막기 위해서는 성자와 성부가 서로 다른 실체라고 봐야 한다. 그러나 이것은 한 분 하느님 안에서의 서로 다른 실체가 되어야 한다. 그렇지 않으면 삼위는 곧 세 하느님을 가리키기 때문이다. 아퀴나스는, 성부와 성자와 성령을 각기 다른 실체로 볼 때, 이것은 위격들 사이의 실체적 구별distinctio substantiae을 말하는 것이지, 세 실체를 말하지는 않는다고 본다. 세 실체라고 하는 말을 그대로 받아들이면, 세 위격이 세 하느님이 될 우려가 있기 때문이다. 그래서 아퀴나스는 이렇게 말한다. 성부와 성자와 성령은 서로 타자이지만, "타자는 일종의 개별적 명사와 같은 것이기 때문에 자주체suppositum의 측면에서 이해된다. 따라서 타자이기 위해서는 히포스타시스hypostasis 혹은 페르소나persona라는 의미로 실체의 구별이 있으면 충분하다"Ia,qu.31,art.2,ad1.

그러니까, 성부와 성자와 성령을 가리켜 세 실체라는 말보다는 세 히포스타시스 또는 세 페르소나라는 말을 쓰겠다는 말이다. 그렇다면 히포스타시스나 페르소나라는 말은 무엇인가? 세 페르소나라는 말은, 성부와 성자와 성령이 서로 구분되는 실체이면서 동시에 세 실체가 되는 것을 막을 수 있는 용어인가? 그리하여 성자의 수난을 말하면서도 성부의 수난을 막을 수 있고, 그러면서도 성부와 성자와 성령이

한 분 하느님이라는 것을 말할 수 있는가?

④ 역사적으로 보면 하느님 내부의 삼위일체는 동방 교부들의 관심 주제였다. 초대 교회의 라틴 교부들은 세상을 구원하는 하느님의 삼위일체에 관심이 있었지만, 그리스와 터키 지방의 이른바 동방 교회의 교부들은 하느님 내부의 관계에 관심을 가졌다. 라틴 교부의 경세적 삼위일체는 구원론에서 비롯된 것이지만, 동방의 내부의 삼위일체는 매우 고도의 사변을 요구하는 것이라 할 수 있다. 처음에는 구원론적 관점에서 이해된 삼위일체가 시간이 갈수록 하느님 내부의 문제에 대해 논하게 되었다. 중세의 스콜라 신학자들도 이미 정착된 그리스도교 교리 안에서, 내부의 삼위일체에 대한 연구에 대해 많은 논의를 했다. 아퀴나스가 『신학대전』에서 특별히 내부의 삼위일체에 관심을 보인 것은, 그런 시대적 상황도 있고, 동시에 잘못된 주장들을 바로잡으려는 의도도 있다.

동방의 카파도키아 교부들이 하느님 내부의 삼위를 설명하기 위해 사용한 개념이 히포스타시스hypostasis이다. 히포hypo는 '무엇의 아래에underlying'라는 의미이고, 스타시스stasis

는 '정지, 멈춤'이라는 뜻이다. 히포스타시스를 라틴 세계에서는 수포지툼suppositum이라고 번역하고 우리말 『신학대전』에서는 자주체自主體라고 번역했다. 수포지툼은 개체화된 실체substantia individua를 가리킨다. 다시 말해서 실체인데, 실체는 다른 것 안에 있지 않고 독자적으로 있다는 의미에서, 개체화individuatio되었다고 할 수 있다. 우리 눈에 보이는 수많은 사물이 모두 실체라고 할 수 있는데, 모두 하나하나 구분되고 별개의 실체로 존재한다. 그런 뜻에서 실체의 개별체들individua substantiae이다. 이 개별적 실체들을 가리켜 수포지툼이라고 한다. 만일 하느님도 개별체라고 한다면, 세상에 보이는 개별적 실체들은 하느님과 구분되는 의미에서, 제일 실체라고 한다. 아퀴나스는 아리스토텔레스의 구분을 따라 하느님은 제이 실체라고 이름을 붙인다.

그런데, 수포지툼 또는 자주체라는 것은 우연한 것accidens과 구분되는 뜻으로 쓰인다. 실체가 아닌 어떤 우연한 것들을 수용할 수 있도록 기반이 되는 무엇을 가리킨다. 그런 점에서 히포스타시스라고 하는 그리스말을 수포지툼이라고 하는 말로 바꾸어 쓰는 것이다. 아퀴나스는 『신학대전』에서, 실체라고 하는 말이 아리스토텔레스에 따르면 두 가지 의미를 지닌다는 점을 밝히고 있다. 첫째는 사물의 본성 또는 본질을 가리킨다. 이 사람의 실체가 뭐야? 그 사건의 실체가 무언가? 이런 질문에 들어간 실체라는 말은 본질essentia을 가리키는 것이다. 사물의 본질quidditas rei이란 그 사물의 정의定義, definitio에 해당된다. 그것은 종과 유類에 공통된 본성natura communi이다. 그리스말로는 우시아ousia로 쓰는 개념이다. 두 번째로, 흔히 실체라고 할 때는, 주체sujectum 또는 자주체suppositum를 가리킨다Ia,qu.29,art.2,res. 아퀴나스는 주체라는 말과 자주체라는 말을 같은 말로 사용한다. 그것들은 모두 자립체subsistenia를 가리킨다. 자립체란 다른 것과 떨어져서 독자적으로 존재하는 실체인데, 그런 점에서 개체인 피조물들을 가리킨다. 개별체individuatio란 나누어지지 않아in-dividuatio 다른 실체에 흡수되지 않고 독자적으로 있는 실체를 가리킨다고 보면 되고, 자립체subsistenia란 홀로 존재할 수 있는 힘이 있는 상태를 가리켜 쓰는 말이고, 그래서 우연accidens과 구별해서 쓰는 말이다. 예를 들어 흰색은 나무나 눈이라고 하는 실체에 붙어 있음으로써만 존재한다. 나무에 검은 색을 칠

하면 검은 나무가 된다. 나무는 변하지 않고 나무이지만, 그 색은 변하여 검게 된다. 흰 눈도 마찬가지이다. 따라서 흰색은 우연이고, 나무나 눈은 실체로서, 오고가는 우연한 것들이 붙어 있을 수 있도록 그 기반을 이루며 밑에 고정된 실체로 자리 잡고 있는 것이다. 그렇게 보면 수포지툼이라는 라틴어가 그리스어의 히포스타시스를 대체하는 말임을 알 수 있다.

오늘날에는 수포지툼이라는 말은 거의 안 쓰고, 수브젝툼sujectum 곧 주체라는 말이 살아남아서 철학의 주요용어로 사용된다. 수포지툼은 실체와 우연, 실체와 속성, 본질과 존재, 자립체 같은 고대 및 중세 형이상학에서 사용되던 개념과 연관이 깊은 말이다. 그런데, 현대 철학에서는 사르트르의 선언, "실존이 본질에 앞선다"는 말이 잘 드러내듯이, 중세의 형이상학의 사유를 더 이상 즐기지 않는다. 그러므로 수포지툼이란 말은 사용되지 않고, 그 대신에 그것과 같은 의미를 지녔던 주체라는 말은 살아남았다.

그렇다면 자주체나 주체라는 말을 하느님에게 적용할 수 있는가? 자립체로서의 실체라는 말은 하느님에게 적용할 수 있다. 물론 피조물에게 적용하는 의미와는 다르다. 피조물의 실체는 우선 우리에게 감지되는 실체라고 해서 제일 실체라고 한다. 제일 실체는 질료와 함께 개체화되고, 자립하는 실체가 된다. 피조물은 질료와 형상의 합성인데, 형상만 가지고는 아직 실체가 아니다. 형상이나 본성이나 본질은 모두 같은 의미로 쓰이는 말인데(아리스토텔레스 형이상학에서 본성은 한 사물의 타고난 운동력의 근원이 되는 것을 가리키고, 형상은 본성과 같은 것이지만 질료와 대비되는 개념으로 쓰이고, 본질은 그 사물의 정의를 내릴 때 사용하는 적용되는 개념이다 Ia,qu.29,1,ad4), 아리스토텔레스의 『형이상학』에 따르면 보편인 것은 실체가 될 수 없다. 그런데 본성이나 형상은 같은 종류의 개체들에 공통된 보편적인 것이다. 그러므로 피조물이 실체가 되려면 형상이 질료와 합성되어 구체적 사물이 되어야 한다. 그것은 곧 개체화를 의미한다.

그러므로 피조물에게서 주체subjectum란 질료로 개체화되고, 질료에서 생기는 우연을 겪는다. 주체가 겪는 우연이란 각 개체가 갖는 본성이 아닌 고유한 기질을 가리킨다. 인간 형상forma을 지니고 있는 같은 인간끼리도 질료의 구성에서 차이가 나서 생김새가 다르고 또한 개인마다 기질도 다르다. 본성은 같지만 기질은 사람마다 모두 다르다. 그런 우연한 기질을 겪는다는 점에서, 주체는 수동성을 지니고 있다아리스토텔레스, 『형이상학』, 1022b 참조. 인간은 자기에게 고유한 기질을 지니고 있으면서, 그것이 인간의 본성 곧 형상에 합당하도록 형상을 향해 운동 중인 존재라고 할 수 있다. 다른 말로 하면, 가능태인 질료를 현실태인 형상에 맞추어 변화시키는 운동이 주체에 포함되고, 그런 면에서 주체의 노력과 의지가 필요하다. 누구에게나 질료는 가능태로 있다. 개인마다 다른 기질은, 나름대로 참인간이라는 형상을 추구하는 가능태라고 할 수 있다. 그처럼 참인간이라는 현실태를 공통으로 나누어가지고 있지만, 개별적으로 서로 다른 질료 때문에 완성을 위해서는 서로 다른 방식으로 마음을 먹고 노력해야 한다(그렇다고 해서 근본적으로 능동은 아니다. 아리스토텔레스에 따르면 운동의 근원은 본성이요 형상이기 때문이다. 주체라는 말이 능동적인 의미가 강해서, 기체라고 번역하기도 한다). 그러나 바라보는 목표는 같으니 그것은 참인간을 향해 가능태를 현실태로 바꾸는 것이다. 그런 존재자를 가리켜 주체라고 한다.

현대 신학에서는 주체라는 개념을 중요시해서 하느님도 그런 주체의 관점에서 설명한다. 그러나 중세 신학에서 주체라는 말은 원칙적으로 변화하는 피조물에게만 적합한 말이다. 하느님은 본질과 존재가 일치하는 실체일 뿐, 변화와 우연을 겪는 그런 주체는 아니기 때문이다. 하느님은 가능태 없는 순수 현실태이기 때문이다. 그런 점에서 중세 신학에서 하느님은 실체이지만 주체가 아니다.

그렇다면 카파도키아 학자들이 히포스타시스라는 말을 하느님의 삼위에 적용하고, 라틴 세계에서 그것을 수포지툼이나 수브젝툼이라는 말과 동의어로 하느님에게 적용하는 까닭은 무엇인가? 다시 말해서 자주체나 주체라는 말을 왜 하느님에게 적용하는가? 아퀴나스는, 하느님 안에서 세 위격이 서로 다른 개체임을 말하기 위해서 주체나 자주체란 말을 가져온다. "자주체(히포스타시스)는 개체적 실체substantia individua이기 때문에, 자주체란 하느님 안에서 구별된 어떤 것aliquid distinctum을 표시한다"Ia,qu.40,art.3,res. 하느님이 실체라는 말은 이해가 되는데, 개체화된 실체라는 말은 무슨 뜻인가?

아퀴나스는 원래 하느님을 개체individium로 본다. 또는 개체적 실체로 본다. 그것은 물론 피조물의 개체와는 물론 다른 개념이다. 피조물도 실체이지만 하느님이야말로 자립하는 측면에서 진정한 실체이다. 사물을 실체라고 할 때 그 자립성을 얘기했는데, 하느님이야말로 다른 무엇에도 의존하지 않는 자립성을 지니고 있다. 피조된 사물의 자립성을 얘기했을 때, 다른 사물에 대한 독립성을 말하는 것이지만, 제일 원인인 하느님에 대한 독립성을 가리키지는 않는다. 하느님에게서 나온 형상이 질료와 결합해서 자립체로서 개체화되는 것이 피조된 사물의 실체성이요, 개체성이다. 그러나 아퀴나스가 하느님의 개체성을 말할 때는 최고의 독립된 존재자요, 인간이 범접할 수 없는 거리를 둔 존재요, 인간 밖의 어떤 실체임을 가리키는 것이다. 개체individium란 나누어질 수 없는in-dividium 실체란 의미도 지닌다. 한 실체는 개체로서 있을 때 실체이고, 나누어지면 그 실체성을 잃는다. 그런 점에서 아퀴나스는 하느님을 나누어질 수 없는 최고의 존재maximum individium라고 본다. 그럴 때 하느님의 개체성이란 다른 개체들보다 훨씬 더 독립적이고 자립적 존재임을 가리킨다. 하느님은 형상과 질료의 합성이 아니고, 본성과 기질의 합성체도 아니다. 형상의 측면에서 볼 때, 하느님은 "자체로 자립하며, 질료 안에 받아들여질 수 없다는 것 자체에서 개체화된다"Ia,qu.3,art.2,ad3. 피조물은 그 형상이 질료 안에 받아들여지면서 개체화되고, 실체화된다. 그런데, 하느님의 개체화의 원리는 질료에 있지 않다. 오히려, 질료와 합성해야 하는 피조물과 전혀 다른 존재라는 점에서 개체화된다. 피조물과 전혀 다른 존재라고 하는 것은, 피조물이 감히 접근할 수 없는 절대적 존재를 가리키는 것이고, 아퀴나스는 그것을 비교통성incommunicabilitas이라는 말로 표현한다. "개체란 개별화의 원리가 질료라는 면에서는 하느님에게 적용할 수 없으나, 그 말이 비교통성이라는 뜻을 품고 있는 한에서는 하느님에게 적용할 수 있다"Ia,qu.29,art.3,ad4. 그러므로 아퀴나스가 하느님을 실체요 개체라고 보는 것은, 하느님은 인간 및 피조물과 별개의 존재라는 말이다. 인간은 인간이고 하느님은 하느님이며, 따라서 어떤 방식으로도 인간은 하느님이 될 수 없다. 그런 점에서 그리스도교의 이원론적인 성격을 말하는 데 개체화라는 용어가 사용된다. 그리고 하느님을 하나의 실체라고 할 때, 다시 말해 개체라고 할 때, 그것은 한 분 하느님을 가리키는 것이기도 하다.

그러나 삼위일체를 논하며 개체라는 낱말을 들고 나오는 것은, 피조물과의 거리를 가리키는 것이 아니다. 삼위를 각각 히포스타시스 곧 주체라는 낱말을 통해서 표현하려는 것은 하느님 내부의 개별화된 실체들을 말하려는 것이다. 아퀴나스는 삼위의 위격들이 서로에게 타자이고 개별화되어 있다는 것을 말하고 싶었다. 그래서 위격의 고유성을 강조한다. 그 고유성은 물론 질료로 말미암아 갖게 된 성질이 아니다. 각 위격의 개체성은 그것이 전통적으로 문제가 되었던 성부 수난설도 막고, 위격들의 관계를 설명하는 데 도움이 되기 때문이다.

우선, 하느님 내부에서 하느님과 하느님의 관계가 있음을 말하기 위해 개체적 실체를 표현하는 주체 또는 자주체라는 말을 가지고 왔다. 주체라는 말은 앞에서 보았듯이 변화를 겪으며 타자와의 관계가 필수적이다. 먼저는 하느님과 관계하고, 그다음에는 다른 사물과 필연적으로 얽혀 있다. 그런데 하느님이라는 실체가 그리스적인 이념이 아니라 살아 있는 실체가 되려면, 내부 관계가 있어야 한다. 그것은 인격체인 인간의 경우에는 욕망과 그 욕망을 누르는 두 마음의 관계로 표현된다. 한 인간 안의 두 마음은 두 개의 낯선 나로 경험되기도 한다. 그것을 주체화시켜 표현하면, 나라고 하는 개체 안에 또 다른 내가 있어 대립하고 있다고 할 수 있을 것이다. 그것은 알고 보면 형상과 질료의 대립이기도 하다. 그러나 하느님의 경우에는, 그런 형상과 질료의 대립이 아니다. 하느님의 욕망은 자기 형상의 확장의 발로이다. 그리고 하느님의 생각 역시 자기 사랑의 발로이다. 살아 있는 존재로서 하느님은 사랑과 생각에서 비롯되는 자기 관계를 지닌다. 그리고 생각의 주체와 대상, 사랑의 주체와 대상이 생긴다. 이때의 주체는 하느님의 본성에서 나가는 운동자 primium agens를 가리키는 것이지, 본성과 다른 성질의 우연성을 겪는 수동적 주체를 가리키는 것은 아니다. 그리고 생각되는 자라고 하는 것은 수동성을 의미하는 것이 아니라, 근원과의 관계를 가리키는 것이다. 생각되는 자 없이 생각하는 자가 있을 수는 없다. 사랑받는 자도 마찬가지이다. 그런 점에서 하느님 안의 운동과 관련되어 주체 개념이 생기고, 그 주체는 수동적이 아니라 하느님의 살아 있음을 표현하며, 동시에 서로의 관계를 표현하는 것이다.

요약하면, 하느님을 살아 있는 존재로 보기 위해서 하느님 안의 운동을 말하고, 특히 그 운동은 무엇보다 먼저 자기 내부의 관계를 형성한다. 발출로 표현되는 내부 운동은 관계 맺는 주체를 말하게 된다. 그리고 하느님 내부의 관계는 하느님의 본성의 필연성에서 나오는ex necessitate suae naturae 것이다. 다시 말해서 하느님은 외부적 관계는 필연적이지 않지만, 자신 내부의 관계는 필연적이라는 것이다Ia,qu.28,art.2,ad3. 그렇다면, 하느님 내부의 관계라는 점에서 피조물의 관계와는 다르지만, 그래도 관계를 말하는 한 주체를 말하지 않을 수 없다. 그 주체는 물론 질료로 이루어진 피조물의 주체와는 다르지만, 그래도 주체라고 해야 한다. 그리고 관계 맺는 상호 주체의 대등함은 결국 각기 개체라는 말을 적용하게 되는 것이다. 원래 주체라는 말을 하느님에게 적용하지 않지만, 하느님 내부의 관계를 표현하기 위해서는 주체라는 말을 유비적으로 사용하게 되는 것이다.

발출에 의해 생기는 하느님 내부의 관계는 하느님을 살아 있는 존재로 만든다. 그리고 관계의 주체들이 생기는데, 그

주체는 변화와는 무관하다. 왜냐하면 하느님과 하느님의 관계는 하느님 자신과 같기 때문이다. 다시 말해서 하느님이 어떻게 있느냐quo est와 어떤 존재인가quod est는 같은 물음이다Ia,qu.29,art.4,ad1. 그러므로 하느님과 하느님의 관계는 하느님 자신이고, 관계의 주체 역시 하느님 자신이다. 따라서 주체라는 개념을 쓴다고 하더라도 변화의 필연성이 적용되는 것은 아니다. 하느님은 형상과 질료의 합성이 아니므로 관계와 관계의 주체는 같은 것이며, 관계의 주체는 모두 하느님 자신이다.

그런데 주체는 개체화된 실체를 가리킨다. 물론 개체화가 질료로 이루어진 것은 아니지만, 삼위에 주체라는 말을 사용할 때 아퀴나스는 개체화를 염두에 둔다. 그렇다면 왜 하나의 실체인 하느님 안의 세 주체를 말하고자 하는 것일까? 서로 구분되는 개체라는 개념을 삼위에 적용할 때, 3세기 교회의 신학자 사벨리우스의 주장이 빠지게 되는 성부 수난설Patripassianism을 막을 수 있다. 그리스도교에는 성자의 수난이 있다. 이 땅에 오신 그리스도의 수난이 있다. 그런데, 이 수난이 절대자인 성부에게 전달되지 않는다고 믿었다. 그것은 그리스도교 교리의 최대 관심사 중의 하나였는데, 일단 수난 받은 분을 하느님의 아들이요 하느님과 동일한 분으로 믿은 다음에, 수난 받지 않는 하느님을 확보하는 게 중요했다. 하느님은 수난 받지 않는 절대자의 모습도 지니고 있어야 하기 때문이다. 그러므로, 성부와 성자는 서로 다른 개체로서 성자의 수난은 성부와는 무관하다고 말해야 했다. 이 문제는 아퀴나스가 3부의 그리스도론에서 다루고 있다. 히포스타시스란 말을 가져오고 수브젝툼이라는 말을 가져올 때에는, 그처럼 성부와 성자와 성령이 서로 다른 개체로서 구분된다는 의미를 포함하는 것이다. 그러면, 이 땅에 내재한 성자의 수난이 절대 초월자인 성부에게 낯선 것임을 말할 수도 있는 것이다. 그러면서도 신성으로 하나가 되는 것이므로, 하느님의 신성 안에는 성부의 능력과 성자의 무능과 성령의 사랑이 모두 포함되는 것이 된다. 그것이 삼위일체적인 그리스도교 신관의 독특성이다. 그래서 아퀴나스는 히포스타시스 곧 주체라는 말을 가져와서 하느님의 내부 관계를 말하고자 한다.

히포스타시스를 가리키는 라틴어로 아퀴나스는 페르소

나persona라는 말을 쓴다. 자주체 또는 실체 중에서 특별히 이성적 실체를 가리켜서 페르소나라고 한다Ia,qu.29,art.2,res. 페르소나를 가리켜 위격이라고 번역하지만 말 그대로 인격 또는 인격체를 가리킨다.

그리스도교는 하느님을 인격체로 표현한다. 하느님을 사람처럼 인격체로 보는 것은, 인격체라는 말이 "이성적 본성을 갖는 실체"Ia,qu.29,art.1,res.라는 의미를 지니기 때문이다. 그런 점에서 다른 실체들과 구별된다. 이성적 본성을 갖는다는 말은 욕망대로 하지 않고 지성을 가지고 자기 통제를 한다는 말이다. 인격체는 자기 행위에 대해 지배권을 가진다dominium sui actus. 그리고 외부의 힘에 의해 작용되는 다른 사물들과 달리, 인격체는 스스로 작용할 수도 있다per se agunt. 지성과 자유 그리고 자기 행위에 대한 지배권은 인간의 인간됨 곧 인격체의 특징이다. 그런 특징을 가진 인격이라는 개념을 하느님에게 적용해서, 하느님을 한 '분'이라고 부른다. '하나'는 자연이성으로 도달할 수 있는 철학적 개념이지만, '한 분 하느님'은 자연이성으로 도달할 수 있는 개념이 아니다. 하느님을 인격체로 보는 것은 이미 하느님을 지성과 사랑의 존재로 고백한 신앙에서 나온 이름이다. 주체라는 개념과 비교해 보아도 그렇다. 아퀴나스는 그리스 철학의 히포스타시스를 인격이라는 말로 바꾸어 쓴다. 주체hypostasis(아리스토텔레스는 기체hypokeimēnon라는 말을 쓴다)라는 개념은 아리스토텔레스의 『형이상학』을 기반으로 발전된 개념이지만, 인격persona이라는 개념은 일상적 개념을 신학적으로 사용하는 것이다. 원래 페르소나는 그리스어 프로소파prosopa에서 온 용어인데 가면이라는 뜻이다Ia,qu.29,art.3,ad2. 한 분 하느님이 세 가면을 쓴다고 하면, 인간에 작용하는 하느님의 세 모습 곧 성부 성자 성령을 표현하는 데 적합할 것이다. 페르소나라는 말은 그런 뜻으로 사용될 수도 있다. 그러나 이때의 문제는 성부 수난을 막을 수 없다. 인격을 가면으로 보면, 하느님의 세 모습이 확보되지만, 하느님 내부에서 별개의 개체화가 이루어지지 않으므로, 성자의 수난은 곧바로 성부의 수난이 된다. 이것은 절대 초월자 하느님을 확보하지 못해서 그리스도교의 신론에 적합하지 않게 되는 것이다.

아퀴나스가 삼위일체 하느님에게 인격이라는 말을 적

용한 것은 다른 의미가 있다. 하느님을 하나의 인격체라고 할 때, 그것은 절대를pro absoluto 표시할 수도 있고, 관계를pro relativo 표시할 수도 있다Ia,qu.29,art.4,res. 한 분 하느님이라고 하는 것은 하느님의 절대성을 표시한다. 인격체로 표현했다고 하지만, 하나인 분은 우리에게 절대자이다. '하나'가 갖는 의미는, 보편적이고 초월적인 절대자를 가리키기 때문이다. 그러나 인격체로 보는 것 자체는, 하느님이 인간처럼 인간과 관계하는 존재임을 암시하고 있다. 그래서 한 분 하느님이라는 말은 인간에 대한 하느님의 절대를 표시할 수도 있고, 인간에 대한 하느님의 관계를 표시할 수도 있는 것이다.

그런데 아퀴나스는 한 분 하느님을 말할 뿐 아니라, 하느님의 세 인격을 말한다. 아퀴나스는 하느님 내부의 관계를 이루는 세 주체(히포스타시스, 수브젝툼)를 세 인격체로 표현한다. 말하자면 하느님의 삼중인격을 말하는 셈이다. 인간에게서는 이중인격이라는 말은 모욕하는 말이다. 그러나 하느님의 삼중인격은, 하느님 내부에 발생하는 관계의 주체를 지칭하기도 하고, 개체화된 세 실체를 말하기도 한다. 세 인격이 세 개체라면, 서로 구분되어 성부 수난설을 막는다. 그리고 내부의 관계의 주체를 가리킴으로써, 자존하는 관계를 표시할 수도 있다. 하느님에게는 관계의 주체와 관계는 같기 때문이다. 아퀴나스에게서 하느님 내부의 관계는, "관계를 관계의 양태로가 아니라 주체인 실체의 양태로 표시한다"Ia,qu.29,art.4,ad1.

따라서 하느님을 한 분으로 말하는 것은 피조물과 필연적 관계를 맺지 않는 절대자의 차원을 강조하는 개념이고, 세 위격을 말하는 것은 내부 관계를 말하기 위한 상징적 개념인 것이다. 하느님은 살아 있는 지성적 존재이다. 인간은 하느님처럼 지성적 존재이고, 자기의 내부 관계를 가지는 점에서 인격체(페르소나)라고 불린다. 하느님은 인격체 이상이지만, 하느님의 내부 관계를 말할 때, 인격체인 인간에 빗대어 하느님을 인격체로 말하는 것이다. 인격체는 실체이지만, 관계가 우선하는 실체라고 보면 된다Ia,qu.29,art.4,res. 그러므로 하느님 내부의 관계를 말할 때 인격체의 개념을 가져다 쓰는 것이다. 인격체(페르소나)는 주체(히포스타시스)와 상호 교환 가능한 개념이다. 원래 실체의 관점에서 보면 관계는 우연인데, 주체는 관계와 뗄 수 없는 개념이다. 그때 관계란 물론 타자와의 관계이다. 따라서 관계는 주체가 타고나는 우연이라고 해야 한다. 앞에서 보았듯이 원래 주체라는 개념은 우연을 받을 준비가 되어 있는 실체를 가리킨다. 그 우연이란 결핍을 채우기 위해 타자와 관계를 형성하는 것을 가리킨다.

하느님에게 주체로서의 인격이라는 개념을 적용할 때, 아퀴나스는 그런 관계의 문제를 가져오려는 것이다. 그러나 하느님 내부의 관계는 피조물끼리 서로 맺는 관계와 다르다. 인간이라는 실체는 관계를 우연으로 타고난다. 그러나 "하느님 내부의 관계는 주체가 겪게 되는 우연이 아니다 Ia,qu.29,art.4,res. 하느님 내부의 관계는 하느님의 본질이다. 적어도 하느님에게 있어서, 관계는 인격적 주체의 부속물이 아니라 본질 그 자체이다. 하느님에게서 관계와 본질은 개념상 다르지만 실재적으로는 같다. 그리고 관계가 곧 실체요 주체이다. 다시 말해서 피조물에서 관계는 실체 간의 관계이지만, 그래서 우연이라고 하지만, 하느님 내부에서는 관계가 곧 실체인 것이다. 그것을 가리켜 아퀴나스는 "관계를 관계의 양태로서가 아니라 실체인 주체(히포스타시스)의 양태로 표현한다"Ia,qu.29,art.4,ad1고 말한다. 물론 인격적 주체를 통해 하느님 내부의 관계를 표현할 때, 그 관계는 하느님과 하느님의 관계를 가리키는 것이다. "인격이라는 명칭은 자기 자신에 대해 말해지는 것이지, 타자에 대해 말해지는 것이 아니다"Ia,qu.29,art.4,ad1. 원인과 결과의 관계가 아니고, 결과물들 사이의 관계도 아니고, 만물의 원인이 되는 하느님 내부의 자기 관계를 말하는 것이다. 그래서 관계가 곧 실체요, 관계가 곧 본질이라고 말할 수 있는 것이다.

피조물은 본질 또는 본성을 형상으로 부여받고 거기에 질료와 연관된 기질이 생긴다. 그리고 주체 곧 히포스타시스는 그런 우연한 성질을 받아들이고 길들이는 변화를 겪는다. 그래서 본질과 주체는 다른 것이다. 그러나 "하느님에게 있어서는 본질이 히포스타시스와 같다." 다시 말해서 하느님이 무엇인가quod est 하는 물음은 하느님이 어떻게 있는가quo est 하는 물음과 같다. 그러므로 하느님의 내부 관계는 우연이 아니라 하느님의 본질에 관련된 문제이다. 삼위일체라고 하는 계시를 통해 하느님의 존재 방식을 알게 되고, 그것을 통해 우리는 하느님을 알게 되는 것이다. 하느님의 본질을 알 수 없다는 것은 철학이나 신학에 모두 해당하지만, 신학은 적어도 하느님의 존재방식을 계시와 믿음을 통해 알게 되고, 그리하여 하느님에 대한 앎에 더 접근하게 되는 것이다. 아퀴나스는 『신학대전』의 첫 부분에서 신 존재 증명을 자연이성의 빛에서 시도했다. 그러나 하느님의 존재 방식을 통한 앎은 자연이성으로 증명될 수 있는 게 아니라, 삼위일체의 계시를 통해 접근하게 되는 것이다. 여전히 하느님의 본질을 알 수 없다고 하더라도, 본질과 존재방식이 같다는 선언으로 말미암아, 하느님이 누구인지 계시와 믿음으로 알 수 있게 됨을 암시하고 있다.

하느님은 관계하며 존재하고, 주체로서 관계한다. 아퀴나스가 말하는 삼위일체의 비밀은 물론 여전히 하느님의 절대성에 초점이 맞추어져 있다. 그가 말하는 관계는 하느님 내부의 관계이고, 인간과의 관계는 하느님의 본질과 일치하는 것이 아니기 때문이다. 그러나 관계를 하느님의 본질로 보는 그의 시각은 결과적으로 인간과의 관계를 하느님의 본질로 보는 가능성을 열어놓았다고 할 수 있다. 현대 신학은 세상에 대한 하느님의 관계를 더 중시하며 전개되는 경향이 있다. 그런 현대 신학의 가능성이 이미 중세 아퀴나스에게도 있다고 할 수 있다. 삼위일체를 말하는 그리스도교의 유일신론과 다른 종교의 유일신론이 다른 점이 거기에 있다. 또한 아퀴나스가 주체라는 말을 하느님에게 사용하지만, 변화를 겪는 본래의 주체의 의미와는 다르다. '겪는다'는 말은 아리스토텔레스의 『형이상학』에서 "파토스pathos"를 가리킨다. 아퀴나스는 하느님의 지성과 이성을 말할지언정, 파토스를 인정하지 않는다. 본질이 아닌 어떤 성질을 겪는 수동성을 하느님에게 적용할 수 없기 때문이다. 아퀴나스에게서 하느님의 행위actio는 능동적일 뿐이고, 겪는 수동성은 인정되지 않는다. 그럼에도 아퀴나스가 주체라는 말을 하느님에게 적용하는 것은, 근대 철학에서 그토록 강조하는 주체의 문제가 그리스도교 신학 속에 이미 암시되고 있음을 보여준다.

앞에서 잠시 언급했지만, 서양사상에서 관계는 실체에 대한 이차적 개념이다. 다시 말해 실체가 먼저 있고 그다음에 그 실체들 간의 관계가 있다. 아퀴나스 역시 피조물에 있어서 관계는 우연한 것으로 본다. 한 실체에게 다른 실체와의 관계는 우연을 겪는 것이지 본질적인 것은 아니다. 본질적인 것은 자기 형상과의 관계라고 해야 할 것이다. 그러나 하느님 안의 관계는 본질과 같은 것이라고 본다. 하느님 자신의 내부 관계를 떠나서는 하느님을 생각할 수 없다는 얘기다. 동시에, 하느님과 피조물 사이에는 필연적 관계가 있다고 보지 않는다. 실재적 관계를 인정하지 않는다 Ia,qu.28,art.1,ad3. 다시 말해서 하느님이 하느님이 되는 데는 피조물과 꼭 관계를 맺어야 하는 것은 아니라는 말이다. 이것은 하느님의 자유로운 생각과 의지의 작용에 의해 세상이 존재하고 있음을 말하려는 것이다. 세상의 존재와 하느님과의 관계가 하느님에게 필연적이지 않다는 말이다. 하느님은 세상에 매여 있지 않고 오히려 세상이 하느님에게 매여 있음을 말하려는 것이다.

그런데, 아퀴나스는 발출이라는 말을 피조물의 탄생에도 적용한다. 피조물이 하느님으로부터 발출한다Ia,qu.28,art.1,ad3. 이처럼 발출이라는 말을 하느님 내부에서뿐 아니라 외부에도 사용하는 것으로 보아, 아퀴나스 역시 경세적 삼위일체를 강조하고 있는 것으로 보인다. 그의 초점은 하느님 내부의 삼위일체에 있지만, 결국 경세적 삼위일체와 연관 짓지 않고 하느님 내부의 삼위일체를 말할 수는 없는 것이다. 세상을 경세하고 구원하는 하느님 곧 경세적 삼위일체를 말하는 과정에, 그것을 뒷받침하기 위해 내부의 삼위일체 논의가 시작되었다고 봐야 한다. 하느님이 세상과 맺는 관계를 말하기 위해, 하느님과 하느님의 내부 관계를 말할 수밖에 없었다. 그렇게 보면, 하느님이 세상을 만들고 세상과 관계하기 위해, 내부에서 자기와 관계하는 것이다. 초월적 실체인 하느님이 세상과 관계하기 위해 내부에서 주체의 모습을 가지는 것이 삼위다. 내부의 삼위일체는 경세적 삼위일체로 가기 위한 내부 활동이라는 얘기이다. 아퀴나스 스스로 그 점을 말하고 있다. "하느님 안에서 발출하는 위격은 피조물의 산출의 근원으로서 발출한다"Ia,qu.33,art.3.ad1. 아퀴나스는, 한 분 하느님이 세 위격으로 되는 운동은 본성적으로 일어나는 일이라고 본다. 우연한 것이 아니라 필연적이라는 말이다. 그것은 결국 세상을 향한 하느님의 운동 곧 창조와 구원 사업이 필연이라는 말이다. 그 필연은 자유의 제한을 의미하는 것이 아니라, 하느님의 변치 않는 선하심의 각도에서 이해되어야 할 것이다.

한편, 하느님을 한 분이라고 할 때 그 하나는 하나의 사물을 가리키는 것이 아니다. 마찬가지로 세 페르소나를 말할 때, 그것은 세 분의 하느님으로 이해하면 안 된다. 이 문제를 아퀴나스는 질료로 개체화되어 나누어지는 것divisio materialis과 형상形相 차원에서 서로 다른 실체로 구분되는 것divisio formalis을 구분한다Ia,qu.30,art.3,res. 세 페르소나를 말하고 각각을 주체로 말하지만, 그것이 곧 세 분 하느님을 말하는 것은 아니다. 하느님은 초월자로서, 질료로 개체화되는 것이 아니기 때문이다. 한 분 하느님이라고 해서, 사물을 세는 한 개를 연상해서는 안 되듯이, 세 페르소나라고 해서 사물을 세는 세 개를 연상해서는 안 된다.

하느님 안의 관계는 본질이며, 우유가 아니다. 그러므로 그 관계는 자존한다subsistens. "하느님의 위격은 자존하는 것으로서의 관계를 표시한다"Ia,qu.29,art.4,res. 아버지와 아들은 서로 상대와의 관계에서만 아버지와 아들이다. 아들 없이 아버지가 없고, 아버지가 없이 아들이 없다. 그러므로 성부와 성자라는 실체는 관계에 예속된 실체이다. 그것을 자주체라고 한다. 그리하여 아퀴나스는 세 위격을 가리켜 실체substantia보다는 주체subjectum, suppositum라는 말을 사용하기를 바란다. 실체라는 말을 사용하면 세 실체가 되어 마치 세 분 하느님이 있는 것처럼 오해될 수 있기 때문이다Ia,qu.30,art.1,ad1. 아퀴나스는 다마스케수스의 말을 인용한다. "실체는 공통적인 것이고 자주체는 특수적인 것이다"Ia,qu.40,art.3,res.

자존하는 관계를 표현하는 자주체나 주체에 맞는 말은 아버지와 아들보다는 원래 부성과 자성이다. 부성과 자성은 서로 상대방과의 관계에서 성립된다. 부성은 자성과의 차이에 의해 성립되고, 자성도 마찬가지이다. 그러므로 삼위라고 하는 것은, 부성과 자성의 관계, 부성과 성령의 관계, 자성과 성령의 관계라고 하는 세 관계를 가리킬 수도 있다. 각각의 관계마다 관계하는 주체가 있다. 그것을 가리켜 아버지와 아들 그리고 성령이라고 말한다. "단순성simplicitas을 위해서는 추상적 명사들로 표시하고 그 자립성subsistence과 완결성completeness을 위해서는 구체적인 명사로 표시한다" Ia,qu.32,art.2,res. 아버지가 여럿일 수 없는 이유는 아버지라는 말을 통해 표현하려는 것이 부성이기 때문이다. 하느님의 부성은 추상적 명사로서 단수로 표현할 수밖에 없다. 부성이 자성과 구별된다는 점에서, 그런 부성과 자성은 고유성 propriety을 지닌다. 그리고 그런 부성을 자성과의 관계의 주체로 표현하기 위해서 아버지라고 하는 구체적 명사를 사용하는 것이다. "하나님 안에서 본질은 '무엇quid, what'으로 표시되고 위격은 '누구quis, who'로 표시되며 고유성은 '무엇으로 quo, whereby'로 표시된다"Ia,qu.32,art.2,res. 무엇으로quo는 부성, 자성을 가리키며, 누구quis는 아버지, 아들, 성령을 가리킨다. 하나님의 본질quidditas은 알 수 없다. 다시 말해서 하나님의 실체는 알 수 없다. 하나님이 실체요, 하나라는 것을 알지만, 그 실체의 실체 곧 본질은 알 수 없다. 그러나 하나님에게 부성과 자성과 사랑이 있고, 성부와 성자와 성령이 서로 관계한다는 것은 성서의 계시를 따라 믿음으로 알 수 있다. 하느님이 어떻게 있으며quo 누구인지quis를 안다. 성부와 성자와 성령의 삼위는 하느님이 누구인지를 알 수 있게 해 주는 말들notiones이다. 그러나 물론 그 말들은 유비적으로 사용한 것이다.

실체라는 말을 사용해서 삼위를 표현해야 한다면 아퀴

나스는 실체적 구별distinctio substantiae이라는 말을 쓴다. 위격의 고유성은 서로 완전히 별개의 존재자로 나누어진 실체separatio substantiae를 가리키는 것은 아니라는 말이다. 결국 하느님은 하나의 실체이며, 세 주체라고 할 수 있다. 세 인격에는 공통된 본질이 있고, 그것은 하나이다. 공통된 본질을 실체라고 한다면 하느님은 하나의 실체이다. 그리고, 그 실체 안에 서로 구별되는 세 주체가 있는데, 그것을 인격 또는 위격persona이라고 부른다. 위에서 보았듯이 주체도 실체이지만, 타자와의 관계에서만 자기를 확인하는 실체이다. 그렇게 보면 하느님은 하나의 실체로서 누구와도 관계하지 않는 절대자이지만, 세 주체로서 서로와 관계하며 타자성을 겪는다. 그리고 그것이 하느님의 본질이다.

한편, 하느님의 내부 움직임actio이 있어서 성자를 낳았다면, 성자는 성부와 동일본질이다. 성자는 만들어진 것이 아니라 낳아졌기 때문이다. 사람이 사람을 낳고 말이 말을 낳듯이, 하느님이 하느님을 낳는 것이다. 그런데, 바로 그 성자를 통해서 세상이 만들어진다. 하느님의 세상 창조는 하느님의 생각을 통해서 이루어지는데, 바로 그 생각이 세상의 형상形相을 이루는 것이다. 사물의 참된 모습의 집합소요, 사물의 본질의 집합소인 것이다. 그러므로 성자 하느님은 하느님이 세상과 접촉하는 접촉점이라고 할 수 있다. 창조론에서 성자 하느님의 위치가 그렇다.

대개 그리스 철학에서 세상과의 접촉점은 열등한 것으로 여겨졌다. 세상에 손을 대는 것 자체가 순수한 이념의 타락으로 여겨졌던 것이다. 실제로 플라톤의 우주형성론formation theory에서 세상의 창조를 맡은 신 데미우르고스는 신 중에서 가장 낮은 신이다. 그런 면에서도 성자 하느님은 절대적 지위의 초월적 하느님과 다를 수 있다. 그것을 성자와 성부의 차이로 말하는 것이다. 그러나 물론 그리스도교에서는 성자를 하느님과 동일본질로 봄으로써, 세상이 처음부터 그 자체로 타락한 존재가 아님을 설득하려고 했다. 그럼에도 세상을 초월해 있는 하느님과 세상과 접촉하는 하느님 사이의 차이를 실체적으로 말할 필요가 있었는데, 그것이 바로 위격인 것이다. 한 분 하느님 안에 서로 다른 위격이 셋 있으며, 그것을 성부와 성자와 성령이라고 부른다.

6. 사람, 하느님의 형상

아퀴나스에게 인간은 하느님의 피조물이다. 단순히 원인이 되는 조물주의 결과라는 의미에서뿐 아니라, 하느님의 형상을 가진 존재라는 점에서 사람은 중요한 피조물이다. 그래서 다른 피조물에게는 하느님의 흔적이 있지만, 사람에게는 그 형상imago이 있다고 말한 것이다. 그것은 특히 사람의 영혼의 능력 곧 지성과 의지를 가리켜 하는 말이다.

하느님의 형상imago Dei이라는 말은 신학에서 사람의 정체를 결정하는 데 가장 중요한 말이다. 성서의 창세기 1장 26절에는 이런 구절이 있다. "하느님이 이르시되, 우리 형상을 따라 우리 모양대로 우리가 사람을 만들자"개역개정. 이 본문에 해당하는 라틴어 성경 구절은 다음과 같다. "Faciamus hominem ad imaginem et similitudinem nostram." 'ad imaginem nostram'에 해당하는 부분이 개신교 성서에서는 "우리 형상을 따라"라고 번역하고 있는 부분이다. 여기서 하느님의 형상imago Dei이라는 말이 나온 것이다. 영어 성경에는 이렇게 되어 있다. "Let us make man in our image, in our likeness"NIV.

그렇다면 하느님의 형상이란 구체적으로 무엇을 가리키는가? 인간의 어떤 모습을 가리켜서 하느님의 형상이라고 할 수 있겠는가? 이 문제가 『신학대전』에서 아퀴나스의 인간론의 핵심 부분임은 의심할 여지가 없다. 아퀴나스는 1부의 질문 75에서 102까지 할애하여 인간을 다루고 있다. 김율 박사가 옮긴 『신학대전 13』에서 이 부분이 다루어지고 있는데, 이 번역본에서는 개신교에서 많이 쓰는 형상이라는 말 대신에 '모습'이라는 용어를 사용하고 있다.

아퀴나스는 창세기 1장 26절의 본문에 나오는 두 단어, 형상imago과 유사성similitudo을 구분해서 인간의 정체성을 찾는다. 인간의 정체는 하느님의 형상이라는 데 있고, 동시에 동식물 등 다른 피조물과 다르다는 데 있다. 원래 형상形相이라고 하는 것은 종의 표현representatio speicie이면서, 동시에 다른 종과의 차이를 보이는 종차differentio speicie를 드러내는 것이다. 인간이 하느님의 형상形象, 모양을 따라 지음받았다는 것은, 인간의 형상形相이 하느님을 본떴다는 얘기이다. 그런 점에서 하느님은 원형exemplari이고 인간은 원형을 본뜨고 모방하여

imitatio 만들어진 존재이다Ia,qu.93, art.1,res.

여기서 아퀴나스가 강조하는 것은, 인간이 하느님을 모방했다고 하지만, 하느님과 동등하지는 않다는 점이다. "왜냐하면 원형은 이 원형을 닮은 그것을 무한히 뛰어넘기 때문이다"Ia,qu.93,art.1,res. 하느님을 모방했으면 하느님과 비슷한 점이 있을 것이다. 성경 본문에는 유사성similitudo, likeness이라는 말로 되어 있다. 하느님의 피조물은 하느님과 비슷한 점 또는 닮은 측면이 있다. 그러나 닮았다는 것은 맞먹을 수 있을 정도의 동일함을 의미하지는 않는다. 인간은 하느님의 모습을 닮은 점이 있지만, 하느님과는 다르다. 또는 인간은 하느님과 비슷하지만, 같지 않다고 해야 할 것이다. 비슷하다는 것은 긍정적인 측면으로 보면 닮았다는 것이고, 부정적인 측면에서는 같지 않다는 얘기이다.

인간이 하느님의 형상이라면, 어떤 모습을 두고 그러는 것인가? 그것은 인간의 겉모습이 아니라 본성을 가지고 말하는 것이다. 인간의 본성 곧 형상形相이 하느님의 모습을 하고 있다는 얘기이다. 이른바 '본성에 있어서의 유사성similitudo in natura'이다Ia,qu.93,art.2,ad2. 그러나 유사성은 동등성

aequalitas이 아니다. 그 본성이 하느님의 본성과 완벽하게 같은 존재는 하느님의 아들 곧 성자 하느님뿐이다. 하느님과 본성이 같은 존재는 하느님뿐이고, 삼위의 세 인격체들은 각각 하느님 자신으로서 본성이 신성하다. 그들 사이에서는 그 본성이 동일하고 동등하다고 할 수 있다Ia,qu.93,art.1,ad2. 동일본성 또는 동일본질homo ousios이라는 말은 하느님 내부의 세 인격체들 사이에서만 적용되는 것이다. 인간의 본성이 하느님을 닮았다고 하지만, "하느님의 모습이 인간 안에 있는 것은 곧 이질적인 본성 안에 있는 것이다"Ia,qu.93,art.1,ad2. 하느님의 본성과 인간의 본성은 단순히 양적인 차이가 아니라 질적으로 차이가 있다는 말이다. 그 차이를 강조하기 위해 아퀴나스는 "왕의 모습이 은화 안에 있는 것과 같다"같은 곳고 말한다. 본성에서 차이가 난다면, 인간은 그 현실에서뿐 아니라 가능성에서도 이미 하느님과 차이가 난다는 말이다. 하느님은 하느님이고 사람은 사람이라는 대전제가 아퀴나스의 얘기에 깔려 있다.

하느님을 닮은 인간의 본성이란 "지성적 본성natura intellectualis"을 가리킨다. 지성적 본성은 지성적 정신mens intellectualis

이라는 말로 표현되기도 한다. 지성은 정신을 가리키며, 그것을 인간 안에 있는 "영적인 모습imago spritualis"이라는 말로 표현하기도 한다. 인간 안에 있는 하느님의 형상은 인간의 영성을 가리키고, 영적이라는 말은 정신mens을 지니고 있다는 얘기고, 아퀴나스에게서 정신이란 다름 아닌 지성intellectus을 가리킨다. 하느님의 형상을 가리켜 말하는 지성적 본성이라는 말은 지성이라는 본성이라고 번역해도 된다. 지성이 인간의 본성을 대표한다는 말이다.

그렇다면 왜 지성을 인간의 본성과 연관 지어 말하는가? 본성이라고 하면 선악을 행하는 도덕 능력을 가리키지 않는가? 흔히 윤리적 능력과 관련해서 본성이라는 말을 사용한다. 실제로 인문주의자들이 본성을 말할 때, 종교를 윤리로 바꾸면서 본성의 선함을 주장했다. 선을 행할 수 있는 마음의 능력을 가리켜서 본성을 말했다. 그리고 아우구스티누스가 본성의 타락을 말할 때도, 선을 행하지 못하고 악을 피하지 못하는 인간의 부패한 실천능력을 얘기한 것이다. 그렇다면 여기서 지성을 본성이라고 보는 것은 이론이성과 실천이성을 혼동해서 말한 것은 아닌가?

아퀴나스도 본성이라는 개념을 선악의 도덕적 실천과 관련해서 말한다. 그런데, 지성이라는 개념도 단순히 이론이성의 문제가 아니라, 욕구능력과 연결되는 개념이다. 욕구능력은 의지의 차원이지만, 아퀴나스는 의지를 가리켜 지적 욕구appetititus intellectualis라고 한다. 동물은 본능적 욕구를 지녔지만, 인간은 옳고 그름의 판단이 동반되는 욕구를 지녔고, 그것을 가리켜 의지라고 하는 것이다Ia,qu.83,art.4,res. 감각적 쾌락에 그냥 끌려가지 않고, 생각하고 행동하며. 선악을 판단한다는 의미로 지성을 얘기하는 것이다. 물론 일단 아퀴나스는 인간의 영혼의 능력을 지성과 의지로 나누어 지성을 인지 능력apprehensive power이라 하고, 의지를 욕구능력appetitive power이라 한다. 그리고 지성이야말로 동물에게 없는 인간의 능력으로 본다. 그런데, 그 지성은 진리 인식에만 관여하는 것이 아니라, 욕구에도 관여해서 선악의 판단이 있는 욕구 즉 지성적 욕구라는 인간의 특징을 만든다. 동물은 자연본능ex naturali instinctu에 따라 행동하지만, 인간은 판단해서 행동하고, 그래서 자유의지라고 한다Ia,qu.83,art.1,res. 자유로운 판단이 들어가므로, 인간의 의지적 행위는 필연이 아니라 우연이다Ia,qu.83,art.1,res. 다시 말해서 인간의 의지는 곧 자유의지이다. 인간에게는 동물과 달리 의지가 있다고 말해도 되고, 자유의지가 있다고 말해도 된다. 자유의지로서만 의지라는 말을 사용할 수 있기 때문이다.

진리 인식을 담당할 뿐 아니라, 선악을 인식하고 판단해서 의지에 영향을 주는 것은 인지 능력으로서의 지성이다. 그러므로 지성이야말로 인간에게 가장 특징적인 것이라 할 수 있다. 그런 점에서 지성이 의지보다 큰 능력이다 Ia,qu.82,art.3,res. 알아야 판단하고 마음을 움직여 행하기 때문이다. "이해된 선이 의지를 움직인다"Ia,qu.82,art.3,ad2.

지성이 의지에 영향을 미치기도 하지만, 지성이 의지와 무관하게 움직이지도 않는다. 지성이 선을 아는데, 그런 앎에는 목적이 있으니 곧 그 선을 사랑하고 획득하고 즐기는 것이다. 그것은 의지의 문제이다. 그렇게 보면 중세의 아퀴나스가 말하는 지성은 의지와 함께 작용해서만 그 의미를 갖는다. 더 나아가 아퀴나스는 의지가 지성을 움직이는 측면을 말한다. 의지가 영혼의 모든 능력을 움직인다고도 말한다Ia,qu.82,art.4,res. 진리 인식은 마음의 변화 곧 올바른 의지의 열매인 것이다Iallae,qu.4,art.4. 마음을 바로 먹어야 제대로 알게 되는 것이다. 그것은 특히 진리 인식 곧 하느님을 아는 문제와 관련해서 그렇다.

여하튼 지성을 인간의 대표적 능력으로 얘기할 때에는, 지성 안에 의지의 차원도 같이 포함되어 있다고 생각하면 된다. 그래서 아퀴나스는 지성적 피조물을 가리켜, "최고의 선을 수용할 수 있는quae est capax summi boni" 피조물이라는 의미로 사용한다Ia,qu.93,art.2,ad3. 최고선의 실현가능성과 관련해서 지성을 생각하는 것이다. 최고선이란 하느님의 뜻을 따르는 것이고, 하느님의 뜻과 일치하는 문제이다. 그리고 그것이 곧 하느님과의 일치요, 하느님을 닮는 것이다.

인간의 지성과 정신은 인간이라는 종의 특징을 표상한다represenatio speciei. 그런데 아퀴나스는 "종의 표상representatio speciei"이라는 말을 하느님과 인간 사이에도 사용하는 것 같다. 다시 말해서 지성이 있어서 말을 생산하고, 의지로 사랑하는 모습에서 인간은 하느님과 같은 "종의 유사성similitudo speciei"을 보인다. 또는 같은 "종을 표현하는 유사성"을 보인다Ia,qu.93,art.8,res. 다시 말해서 인간의 본성이 신적 본성과 유사성을 보이는 정도는, 그 지성과 의지의 활동이 하느님과 동일한 종임을 표상한다고 말할 수 있을 정도이다Ia,qu.93,art.2,res., Ia,qu.93,art.6,res. 참조. 그러면서 다른 피조물들과는 종차differentia specie를 보이고, 그래서 품위dignitas의 차이를 보여준다. "본성의 품위dignitas naturae"Ia,qu.93,art.2,ad2에서 인간은 하느님의 형상이다. 품위 있는 본성을 지닌 인간은 하느님의 형상이고, 동식물들은 하느님의 형상이 아니다. 아퀴나스는 아우구스티누스를 따라 "지성을 갖지 않은 것들은 하느님의 모습(형상)으로 존재하지 않는다"Ia,qu.93,art.2,sed고 말한다. "오직 지성적 피조물만이 하느님의 모습(형상)으로 존재한다"Ia,qu.93,art.2,res.

물론 동식물도 그 존재의 원인이 하느님이다. 그런데 결과에는 원인이 어떤 모양으로 들어 있다고 보는 것이 아퀴나스의 기본 관점이다. 그러므로 아퀴나스는 동식물에게도 하느님과 비슷한 점 곧 유사성similitudo, likeness이 있다고 본다. 무생물은 "존재하는 한 하느님과 유사하다." 다시 말해서 바위나 금속 같은 물질도 존재하고 있는 한, 존재 자체이신 하느님에게 참여하고 있는 셈이다. 또는 가톨릭에서 많이 쓰는 표현대로라면 하느님의 존재를 분유分有하고 있는 셈이다. 존재하고 있다는 점에서 무생물은 하느님과 비슷하다고 할 수 있다. 그러나 무생물을 가리켜 하느님의 형상imago이라고 보지는 않는다. 형상이라는 말을 하려면 본성의 유사성에서 하느님과 매우 근접해야 한다Ia,qu.93,art.2, res. 유사성에서 가깝다는 것은, 인간의 지성이 지성적 존재인 하느님과 가깝다는 말을 하려는 것이다. 물론 근접성 얘기가 존재의 정도를 가리키는 것으로 볼 수도 있다. 무생물은 그 존재의 정도가 너무 낮아서 하느님과 너무 거리가 멀다. 다시 말해서 무생물은 존재하는 한, 존재 자체인 하느님과 비슷한 면이 있지만, 그러나 감각도 없고 지성도 없어서 그 존재의 정도가 매우 낮다. 그러므로 존재 자체이신 하느님과 근접성이 너무 떨어지고, 결론적으로 무생물은 하느님의 형상imago Dei을 지녔다고 할 수 없다.

한편 아퀴나스는 생물을 가리켜, "그것이 살아 있는 한에서 하느님과 유사하다"고 말한다Ia,qu.93,art.2,res. 살아 있는 동식물은 존재할 뿐 아니라 생명도 있다. 그것은 살아 있는 하느님의 존재뿐 아니라 생명도 물려받은 것이라 할 수 있다. 앞에서 말한 대로 생명으로의 참여 또는 생명의 분유이다.

그런 점에서 하느님과의 유사성을 말한 것이다. 사실 존재하고 있다는 것 자체에서도 이미 하느님을 닮은 측면이 있는 것이다. 그렇게 보면 존재가 신성하게 느껴진다. 생명이 있는 것은 더욱 그렇다. 이것은 근대 이전 중세까지에 있던 사유 곧 원인이 결과에 내재한다는 생각 때문이다. 그러나 아퀴나스의 관심의 초점은 자연사물이 아니라 인간이다. 자연사물은 하느님을 닮은 측면에도 불구하고 하느님의 형상이라고 하기에는 너무 미미하고 품위dignity가 떨어진다고 본 것이다. 무생물처럼 동식물도 원인이신 하느님의 결과이고, 원형인 하느님의 표현representatio이다. 그 점에서는 인간도 마찬가지이다. 그러나 원형을 표현하는 방식에서, 인간은 하느님의 형상(모습)이라고 할 수 있지만, 다른 피조물에는 하느님의 흔적vestigium 정도가 있다고 해야 한다Ia,qu.93,art.6,res. 결국 인간만이 지성을 가지고, "이해하는 한에서 하느님과 유사하다." 지성intelligentia과 이해intelligerer, saperer가 있다는 점에서 인간만이 하느님의 형상으로 존재한다고 할 수 있다.

인간에게 있는 하느님의 형상이란 "하느님을 최대로 모방할 수 있는 능력"Ia,qu.93,art.4,res.을 가리킨다. 그렇다고 사람이 현실에서 늘 하느님의 모습을 보여주지는 않는다. 무지하고 죄를 짓는 모습을 두고 하느님의 형상이라고 할 수는 없을 것이다. 인간이 하느님의 모습을 하고 있다는 얘기는, 우선 그 잠재력을 두고 하는 말이다. 본성을 가리켜 말하는 까닭도 거기에 있다. 때로 비이성적으로 행동하고, 반지성적인 판단을 하기도 하지만, 본래 지성을 지녔으므로 지성적으로 인식하고 행동할 가능성을 가진 존재가 인간이다. 그처럼 "자연적 적성aptitudo naturale"에서 인간은 하느님을 이미 닮았다. 인간을 가리켜 하느님의 형상이라고 하는 것은, 사람이라면 누구에게나 있는 "정신적 본성 그 자체ipsa natura mentis"를 두고 하는 말이다. 그러나 물론 그 본성을 잘 발휘하여 현실에서 실제로 하느님의 뜻과 일치하고 선을 행하는 게 중요하다. 이미 하느님을 닮았지만, 하느님의 모습을 닮아야 한다. 그건 사람에 따라 다르고, 한 사람의 경우에도 늘 일정하게 선을 행하지 못한다. 그러나 설사 악을 행한다 하더라도 인간의 본성은 지성에 따라 선을 행할 수 있다고 봄으로써, 아퀴나스는 인간을 하느님의 형상이라고 하는 것이다. 인간을 하느님의 형상이라고 할 때 가장 중요한 의미는 거기에 있다. 지금 하느님의 뜻을 따라 선을 행하고 있든지 아니든지, 인간의 본성을 하느님의 형상이라고 보는 것이다.

물론, 실제로 본성에 주어진 잠재력을 발휘해서 현실에서 선을 행하는 경우가 있다. 도덕은 습관이기 때문에 많은 경우에 습관적으로habitu 그런 일이 일어나기도 하는데, 현실에서actu 그처럼 선을 행하는 것을 "은총으로의 합치conformata gratiae"라고 한다. 인간이 본성을 발휘해서 선을 행하는 것도 이미 주어진 하느님의 은총에 의한 것이고 그 은총에 맞게 행하는 것이다. 그때 인간은 잠재력을 발휘해서 실제로 하느님을 모방하고, 하느님과의 유사성similitudo이 매우 크게 증대한다. 그런 상황을 가리켜 '합치'라고 하는 것이다. 정의로운 사람들이 그런 합치된 모습을 보여줄 것이다. 그처럼 은총으로 합치되는 경우에도 인간이 완벽해진 것은 아니다. 은총으로 어떤 순간순간에 선이 행해진 것이다. 여전히 그 사람은 불완전하다. 그러므로 은총의 합치란 인간의 어떤 행동이 하느님의 뜻과 일치한다는 얘기이지, 그 사람이 하느님과 하나가 되었다는 말은 아니다.

아퀴나스는 여기서 한 발 더 나아가, 단순히 행위가 아니라 사람 자체가 하느님의 뜻과 일치되는 경우를 말한다. 이때는 하느님을 완전히 인식하고 완전히 사랑하는 사람이다. 이런 사람을 가리켜 가톨릭에서는 성인sanctus 또는 복자beatus라고 한다. 성자들은 정말 하느님과 닮은 모습을 보여주는 사람들이다. 이때에 하느님을 닮은 것은 "영광의 유사성simlitudo gloriae"이라고 한다. 개신교가 인간 본성의 타락을 강조하는 반면에 아퀴나스는 본성의 가능성과 그것이 현실화된 성자 사상을 강조하고 있다. 그들은 하느님의 뜻과 일치한 사람들이다.

정리하면, 인간을 하느님의 형상이라고 할 때, 세 가지 의미가 있다. 첫째는 모든 인간이 그렇다는 것인데, 인간의 본성을 두고 하는 말이다. 둘째는, 그 행위가 하느님의 뜻과 일치하는 의인들을 가리켜 하느님의 형상이라고 할 수 있다. 은총의 일치라고 한다. 셋째는, 하느님을 완전히 알고 사랑하는 성인聖人을 가리켜 하느님의 형상이라고 한다. 하느님의 형상을 설명하는 가장 중요한 것은 첫 번째라고 할 수 있다.

II
『신학대전』 2부의 1 해설

1부는 주로 하느님과 그의 피조물에 대한 신학적 진술로 이루어졌다. 그중에서도 하느님을 설명하는 데 초점이 맞추어져 있다고 할 수 있다. 피조물 중에서는 인간이 중심인데, 인간은 다른 피조물과 달리 하느님의 형상이라고 설명이 된다. 1부 후반부에서 인간을 설명하는 방식은, 인간이 얼마나 하느님을 닮았으며 동시에 다른 피조물과의 차이가 무엇인지를 중심으로 전개되었다. 아퀴나스에게 인간을 서술할 수 있는 대표적 낱말은 지성 또는 이성이다.

그처럼 1부에서 신과 인간에 대해서 말한 후, 2부에서는 도덕과 법에 대해서 서술한다. 아퀴나스는 도덕과 법의 문제가 모두 인간의 행복을 위한 것으로 본다. 그 점에서 이 문제는 다시 신론과 연결된다. 행복이란 덕에 주어지는 것이며, 덕은 인간이 스스로 참인간이 되는 문제이다. 참인간이 되는 것은 신을 알고 사랑하는 데서 가능하다. 그러므로 아퀴나스에게서 행복과 덕과 신앙은 서로 하나의 사건이라고 할 수 있다. 행복과 일반적인 도덕론에 대해서 2부의 1에서 설명한다. 유명한 자연법론도 2부의 1에서 논의한다. 오늘날에는 도덕과 법의 역할이 갈라져서 도덕은 인문학과 관련되고 법 문제는 사회과학에서 다룬다. 그러나 중세 전통에서 법과 정치는 도덕에 기반한 것이다. 그리고 도덕론은 신론에 기반을 둔 것이다. 그래서 도덕을 다루는 부분에서 법 문제를 다루는 것이다. 그리고 인간의 죄와 하느님의 은총도 이 부분에서 다루고 있다.

1. 행복론

아퀴나스는 2부를 목적론적 세계관으로 시작한다. 인간뿐만 아니라 모든 피조물이 어떤 목적을 위해 있고, 궁극목적을 향해 살고 있다. 1부에서 말한 형상과 질료, 현실태와 가능태의 문제도 목적론적 세계관과 관련이 있다고 할 수 있다. 그리고 목적인이 원인 중의 원인이라고 보는 것도 그 때문이다. 하느님은 그 무엇보다도 먼저 목적인으로서 만물의 제일 원인이다. 다시 말해 세상은 하느님을 위해 하느님에 의해 존재하는 셈이다. 궁극목적finis과 존재의 기원principium은 같은 것이다. 생성의 원인과 변화의 원인이 같은 것이다. 그래서 하느님을 가리켜 생성변화生成變化의 원인이라고 할 수 있는 것이다. 하느님은 프린시피움principium으로서 우주 생성의 원인이고, 피니스finis로서 만물로 하여금 궁극목적으로 향해 나가도록 주도하는 변화의 원인이다. 아퀴나스는 1부에서 우주론적 신 존재 증명을 통해서 하느님을 존재의 기원으로 말했는데, 존재의 기원을 선 또는 최고선으로 보는 한, 그의 우주론에는 목적론적 세계관이 들어가 있는 셈이다. 선은 인간의 욕구의 대상이고, 의지의 대상이고, 모든 활동actio과 작용operatio의 목적이기 때문이다. 인간을 포함한 모든 존재는 운동motus 중에 있으며, 운동에는 목적이 있고, 그 목적은 선이다. 선이라는 목적으로 향해 움직이는 운동, 그것을 가리켜 변화라고 하는 것이다.

2부에서는 선의 문제를 행복으로 푼다. 사람은 행복을 바라고 행복을 추구하기 때문에 행복이야말로 궁극 목적이라는 말이다. 그러나 행복은 그냥 주어주지는 것은 아니고 덕의 열매이다. 인간이 바라는 궁극적 대상인 행복을 위해 인간은 자연적 경향성을 넘어 의지적 노력이 필요하다. 사람은 그 노력 때문에 동식물과 다르며, 목적 지향적인 행동을 한다고 할 수 있다. 아퀴나스가 의지와 이성의 문제를 다루는 까닭이 거기에 있다. 그러한 노력을 다루는 문제가 2부에서 다루는 도덕론이고 또한 자연법 문제이다. 도덕론이 개인 내면의 문제라면, 자연법론은 도덕으로 국가에서 정한 실정법을 견제하려는 것이다.

아퀴나스에게서, 존재한다는 것은 곧 운동하는 것이다. 운동은 모투스motus, 악티오actio, 또는 오페라티오operatio 등의 말로 표현된다. 모투스는 우주론적인 개념이고, 생리적이고 물리학적인 느낌이 나는 용어이다. 악티오는 현실태를 뜻하는 악투스actus와 연관이 있는 개념이고, 그러므로 가능태에서 현실태로 움직이는 변화의 운동을 뜻한다. 모투스와 악티오는 모두 1부에 나오는 개념인데, 모든 운동은 변화를 의미하는 것으로서, 도덕적인 의미를 담고 있다. 자기완성의 가능태에서 현실태로 움직이는 것이요, 인간의 행복도 그 문제와 연결되어 있다. 인간의 목적은 도덕적으로 표현하면 자기완성이고, 종합적으로 표현하면 행복이라고 할 수 있다. 행복은 자기완성에서 느끼는 즐거움이다. 그러므로 행복은 자기완성을 조건으로 한다. 그런데, 자기완성이란 결국 참인간이 되는 문제요, 그것은 하느님 안에 있는 형상을 바라보며, 마음의 변화가 일어나는 문제이다.

그런데, 그 마음의 변화는, 인간의 잘못된 욕망 곧 죄 때문에 회심을 필요로 한다. 거짓된 것에 쏠렸던 마음을 한번 크게 돌이킨 다음에 차츰 참인간의 모습을 만들어가는 것이다. 그 회심은 신앙으로 말미암아 하느님의 은총으로 생기는 일이다. 행복의 문제에서 아퀴나스가 죄와 은총을 다루는 까닭이 거기에 있다.

그러므로 아퀴나스는 그의 행복론을 목적론적인 명제로 시작한다. 2부의 첫 번째 명제는 "사람은 목적 때문에 행한다"IaIIae,qu.1,art.1는 것이다. 이 명제가 목적론적 세계관인 까닭은, 여기서 말하는 행위actio 또는 작용operatio이 인간의 존재를 가리키기 때문이다. 그러므로 "사람은 목적 때문에 행한다"는 말은 "사람은 무슨 이유가 있어서 존재한다"는 명제로 보면 된다. 또는 "사람은 무슨 까닭이 있어서 산다"고 해도 된다. 아퀴나스에게서 존재보다 존재의 이유가 앞서고, 그 존재의 이유가 삶의 목적 또는 삶의 의미를 이루는 것이다. 그 점은 이미 1부에서 하느님을 제일 원인으로 설명할 때, 목적인을 원인 중의 원인으로 보는 데서 드러났다. 다시 말해서 하느님은 다른 무엇보다도 우주의 목적인이며, 목적인이기 때문에 또한 운동인인 것이다. 이러한 명제는 아퀴나스의 인간론에서도 그대로 반복된다. "목적finis이 인간으로부터 이루어질 수 있는 작용operatio들의 근원prinicipium이다"Iallae,art.1,res. 다시 말해서 인간 역시 "목적 때문에 행한다" Iallae,qu.1,art.1,sed는 말이다. 목적이 사람을 움직인다는 말이다. 그러니까 사람을 움직이는 능동인은 사람의 목적 그 밖에서 찾아질 수 없는 것이다. 만일 목적이 행복이라면 사람은 자기 행복을 찾아 움직이는 것이다. 그리고 목적인 행복을 얻으려면 참사람이 되어야 한다. 참인간으로서의 가능태를 현실태로 만들어야 한다. 운동이란 자기 형상을 실현하는 것 곧 가능태에서 현실태로de potentia in actum 가는 것이다. 그 운동의 시작은 하느님에게 있으며, 인간은 자기완성을 위해 노력해야 한다.

행복을 인생의 목적으로 보는 것은, 인간의 자연적 경향성이라고 할 수 있다. 그러나 행복을 위해서 도덕을 조건으로 거는 것은 인문주의적인 교화의 특성을 가진다. 그리고 그러한 도덕을 위해 하느님의 은총을 말하는 것은 신학적인 차원이다. 아퀴나스의 신학은 이처럼 아리스토텔레스의 인문주의적인 문제의식을 그리스도교적으로 풀어내는 것이라 할 수 있다.

아퀴나스의 목적론적 세계관은 모든 피조물에게 해당한다. 존재한다는 것 또는 살아 있는 것은 곧 활동하고 움직이는 것이다. 이것은 아리스토텔레스의 명제를 아퀴나스가 받아들인 것이다Iallae,qu.3,art.2,res. 그 움직임은 가능태에서 현실태로 가는 운동을 가리킨다. 산다는 것은 "생명의 시작부터 현실태로 이끌려가는 생명체의 작용 자체"이다 Iallae,qu.3,art.2,ad1. 또는 질료가 형상을 획득하는 것이다. 모든 피조물은 그처럼 목적을 향해 움직이고, "목적으로의 지향에 의해 움직인다"IaIIae,qu.1,art.2,res. 그냥 존재하고 그냥 살고 있는 것 같아도 모두 목적에 이끌려 살고 있다는 얘기이다. 그 목적은 선의 취득이라고 할 수 있고, 최고선인 하느님이라고 할 수 있다. 그리고 인간은 최고선인 하느님과 결부되어 행복을 가진다. 선의 취득이라는 면에서 보면, 모든 피조물의 목적은 행복이라고 할 수 있다. 모두 좋은 것을 바라고, 바라는 것을 얻을 때 즐거움을 느끼며 행복에 도달하기 때문이다. 물론 자연사물과 인간은 격이 다르다. 식물이나 동물은 그 운동의 동력이 자연적 욕구appetitus naturalis에서 나온다. 다시 말해서 자연적 경향성inclinatio naturale에 의해 움직인다. 자연적 경향성에 따라 움직인다는 것은 동력이 바깥에 있다는 말이다. 본능instinctus. IaIIae,qu.3,art.6,res.에 따라 자신의 목적에 맞게 존재하고 행동한다. 이것은 아퀴나스가 말하고자 하는 행복이 아니다. 어떤 면에서 동물은 행복을 모른다고도 할 수 있다.

인간 역시 자신의 행복을 추구하도록 지음받았지만, 자유의지를 가지고 있다. 아퀴나스는 1부에서 하느님에게 자유의지가 있음을 말했지만, 인간의 특성으로도 자유의지를 강조한다. 하느님의 자유의지를 말할 때는, 하느님의 사랑이 하느님의 자유로운 은총임을 말하기 위한 것이다. 악을 행할 수 없다는 점에서 하느님의 선하심은 필연이나, 그러나 그 필연은 변치 않는 하느님의 자유로운 결정이고, 따라서 은총이라는 것이다. 그러나 인간의 자유의지를 말할 때는, 선에 대한 인간의 책임을 말하기 위한 것이다. "의지의 대상은 보편성 안에서의 목적과 선이다"IaIIae,qu.1,art.1. 자연은 특수한 선bonum particulare으로 결정되어 있다. 다시 말해서 우선 당장 자기에게 좋은 것으로 쏠리게 되어 있다. 그러나 인간의 자유의지는 그런 특수한 유익을 넘어 보편적 선을 생각하는데, 보편적 선이란 하느님을 가리키고, 하느님을 향하는 의지는 공동체에 해가 되지 않는 도덕성과 직결된다. 보편적 목적은 하느님이라는 최고선이요, 그와 연관되어 인간 공동체의 공공선 또한 보편적 목적이다. 자유의지는 보편목적을 향해 선을 행할 수도 있고, 거기서 벗어나 악을 행할 수도 있다. 악을 행할 수 있기 때문에 불행으로 자신을 몰고 갈 수도 있다. 본래 인간은 선을 행하고, 거기서 즐거움을 느끼도록 만들어졌으나, 하느님과 달리 선의 필연에 묶여 있지는 않다. 그러므로 인간의 자연적 욕구는 악을 향할 수도 있으며, 실제로 악을 향하는 측면을 지니고 있다. 이 문제에서 아퀴나스는 아우구스티누스만큼 강하게 원죄를 말하지는 않는다. 그러나 여하튼 인간은 진정한 행복을 바라기보다는 쾌락과 명예와 권력 또는 돈을 추구하기도 한다. 그런 문제들을 2부의 두 번째 질문에서 다루고 있다.

물론 선도 아니고 악도 아닌 것을 추구할 수도 있다. 배고플 때 밥을 먹는 행위는 자연스런 욕구의 반영이다. 그러나 그것은 인간에게 고유한 행위가 아니다. 인간에게 고유한 행위는 도덕적 행위이다. 배고플 때 추구하는 밥이라는 목적finis은 동물에게는 그 자체로 행위의 끝terminus per se이 된다. 그러나 인간이 밥을 먹는 것은 그 자체로 행위의 끝이 아니라, 우연한 끝terminus per accidens이다Iallae,art.3,art.3. 인간에게 언제나 변함없이 행위의 목적이 되는 것은 도덕적 목적, 그리고 최고선인 하느님이다. 그것을 궁극목적ultimus finis이라고도 한다. 어떻게 보면 그 도덕적 목적을 위해 인간은 밥을 먹는다고 할 수 있다. "인간이 욕구하는 모든 것을 인간은 필연적으로 궁극목적 때문에 욕구한다"IaIIae,art.6,res. 먹고살기 위해 일하고 행위할 때가 많지만, 먹고사는 것은 그 자체가 목적이 아니라 그보다 더 큰 목적을 위한 것이다. 사람이 밥 먹고 엉뚱한 짓을 하거나 죄를 지을 때도 "궁극목적에 대한 지향 자체에서 이탈한 것은 아니고 그것을 다른 사물들 안에서 잘못 찾고 있는 것이다"IaIIae,qu.1,art.7,ad1. 도덕적 목적이야 말로 인간을 인간으로 만드는 것이다. 그것을 가리켜 아퀴나스는 "인간의 행위는 그 종을 목적에서 받는다"고 말한다IaIIae,qu.1,art.3. 종specie이란 인간의 인간됨을 가리킨다. 도덕과 행복의 결합을 궁극목적이라고도 할 수 있다. 그것은 완전한 선bonum perfectus이고, 인간의 자기완성ipsius perfectio도 거기에서 이루어진다.

선을 바라는 인간의 욕구를 자연적 욕구가 아니라 이성적 욕구appetitus rationalis라고 부른다. 쾌락에 끌려가는 마음을 중단시키고, 어떤 것이 자기에게 정말 좋은 것인지 판단한다는 면에서 '이성적' 욕구라고 하고, 마음이 가는 측면에서 '욕구'라고 한다. 그런데 그런 이성적 욕구를 아퀴나스는 의지라고 부른다IaIIae,qu.1,art.2,res. 욕구는 마음이 가는 것이지만, 의지는 마음을 쓰는 것이다. 이성적 욕구를 의지라고 부르는 것은, 의지가 욕구의 일종이라는 말도 된다. 다시 말해서 의지란 무엇을 바라는 것인데, 다만 의도적으로 바라는 것이다. 저절로 자연적으로 바라는 것은 쾌락일 가능성이 많고 진정한 행복은 의도적으로 바라야 하는 것인데, 그것을 가리켜 의지라고 한다. 그리고 의도적으로 바란다는 것은, 원함과 바람에 마음을 먹고 마음을 쓰는 측면이 있다는 말이다. 저절로 쾌락에 끌려가는 마음을 이기는 마음은, 자기에게 정말 좋은 것을 찾아서 그리로 마음을 먹고 마음을 쓰는 것이다. 그런 판단이 들어간 의지라고 해서, "숙고된 의지voluntas deliberata"라고 부르기도 한다. 그런 의지의 노력으로 이성적 욕구가 형성되는 것이다.

그처럼 자연적으로 마음이 가는 대로 놔두지 못하고 의도가 들어간 의지의 작용이 필요하다는 점은, 자칫 인간이 자연보다 못하다는 결론으로 갈 수도 있다. 그러나 서구 신학자인 아퀴나스는 그렇게 보지 않는다. 아퀴나스는 자연이 목적의 의미ratio finis를 모른다고 평가한다Iallae,qu.1,art.2,res. 오히려 인간이야말로 "자기 행위의 주인suorum actum dominus"이라고 봄으로써, 인간의 우위를 말한다. 아퀴나스가 인간을 자기 행위의 주인이라고 하는 이유는 자기 결정력 때문이다. 동식물은 결정할 것도 없이 끌리게inclinatio 되어 있다면, 인간은 악에 유혹되는 마음을 이기고 자기 마음을 자기가 결정해야 한다. 그처럼 행위의 방향이 미리 결정되지 않은 상태를 가리켜 자유의지 또는 선택의 자유liber arbitrium라고 한다. 자연적 경향성에 의해 움직이는 동식물은, "자기 스스로에 의해서가 아니라 다른 힘에 의해서ab alio moto, non autem a seipsis" Iallae,qu.1,art.2,res. 운동하는 것이다. 여기서 다른 힘이라고 하는 것은 제일 원인이요 운동인인 하느님을 가리킨다. 하느님은 근원적 작용자요 제일 행위자agens principale이고, 의지가 없는 자연은 그 도구instrumentum라고 할 수 있다Iallae,qu.1,art.2,res. 그러나 인간은 다르다. 인간은 "'의지와 이성의 능력'인 자유의지에 의해 자기 행위에 대한 지배력을 가지고 있기 때문이다" Iallae,qu.1,art.2,res. '자기 행위에 대한 지배력dominus suorum actuum'이란, 인간이 자기 마음을 완전히 지배한다는 뜻이 아니라, 지배할 수도 있는 자유의지를 가리킨다. 자기 마음을 자기가 다스려야 한다는 도덕적 의무는, 인간을 지배자로 만들고 주인으로 만든다. 여기서 인간이 주인이 되고 지배자가 된다는 것은, 자기 행위의 지배자가 되는 것을 가리킨다.

물론 1부에서 강조한 신학적 측면에서 볼 때, 인간 행위의 주인은 하느님이다. 하느님이야말로 모든 피조물의 운동과 행위와 활동을 이끄는 주인이고, 제일 행위자이다. 목적을 향한 인간의 행위도 하느님이 이끄는 것이다. "인간은 제1동자primus movens의 발동motio에 의해 궁극목적으로 향한다"Ia,qu.109,art.6,res. 그러나 인간은 자유의지가 있어서 피조물과 달리, 하느님의 도구가 아니다. 그래서 아퀴나스는 이렇게 말한다. "목적으로 자기를 작용시키거나 이끌어가는 식으로quasi se agens vel ducens ad finem 목적을 향하는 것은 이성적 본성에 고유한 것이다"IaIIae,qu.1,art.2,res. 이 문장에서 '식으로quasi'라는 표현이 아퀴나스의 의도를 잘 말해준다. '식으로'로 번역한 이 말은 '마치 그렇듯이' 라는 의미를 지닌다. 인간은 정말 완전하게 자기 힘으로 목적을 향하지는 않는다는 말이다. 그러나 자연처럼 모든 게 결정되어 있지도 않으며, 자기 힘으로 자기를 이끌어야 하는 존재가 인간이라는 말이다. 인간은 자기의 주인이 아니면서 동시에 자기의 주인이다. 그러한 인간의 위치가 '식으로'라는 표현으로 나타난 것이다. 인간은 자기 힘으로per seipsum 살지만, 동시에 하느님의 은총으로 산다. 인간이 자기 행복을 위해 노력을 해야 하는 것은, "행복하게 하시는 하느님의 힘이 충분치 못함이 아니라, 사물계에서 질서가 보존되기 위해서"IaIIae,qu.5,art.7,ad1라는 게 아퀴나스의 생각이다. "행복을 본성적으로naturaliter 갖는다는 것은 오직 하느님께만 속한다"IaIIae,qu.5,art.7,res. 자연사물은 행복을 모르고, 인간은 노력해야 하고, 하느님은 본성적으로 행복하다.

아퀴나스가 행복의 문제부터 출발하는 것은, 인간의 자연스런 경향성을 논의에 끌어들이기 위함이다. 사람이 누구나 언제나 도덕적이길 바란다고 할 수는 없지만, 누구나 행복을 바란다고 할 수는 있기 때문이다. 그런데, 누구나 언제나 바라는 그 행복은 도덕성의 결과이다. 그래서 결국 도덕을 거치지 않고 행복을 논할 수는 없다.

아퀴나스는 아우구스티누스를 인용해서, "이성이 없는 동물들은 행복하게 될 수 없다"고 말한다IaIIae,qu.1,art.8,res. 행복은 도덕적 노력과 병행해서 발생하는 것이기 때문이다. 자연 사물들에게도 하느님이 궁극목적이지만, 그들은 하느님과 교통communicatio하는 일이 없다. 인간은 궁극목적인 "하느님을 인식하고 사랑함으로써cognoscendo et amando Deum 궁극목적에 도달한다"IaIIae,qu.1,art.8,res. 1부의 신론에서 아퀴나스는 신의 절대성을 말하기 위해 피조물이 다가갈 수 없는 비교통성incommunicabilitas을 말한다. 그러나 여기서 다시 인간과 천사에게는 하느님과의 교통이 있음을 말한다. 여기서 말하는 교통이란 이성적 피조물이 지성과 의지를 가지고 하느님을 알고 사랑하는 것을 가리킨다. 이성과 의지가 없는 자연 사물에게는 그런 교통이 없다. 하느님을 알고 사랑하는 것, 이것은 바로 지성과 의지의 노력에 의한 도덕성을 가리킨다. 그러므로 동물이 행복하게 될 수 없다는 얘기는, 행복은 도덕성에 따르는 것임을 말하는 것이다. 아퀴나스는 암브로시우스를 인용해서 "도덕은 고유한 의미로 인간적인 것들mores proprie dicuntur humani"이라고 본다.

그래서 아퀴나스는 아리스토텔레스의 『니코마코스 윤리학』을 인용해서, "행복은 완전한 덕에 따른 작용이다"라고 말한다. 그런데 인간에게 있어서 "완전한 덕이라고 하는 것은 "사람이 하느님과 연결되는 그런 작용에 따라 형성된다" Iallae,qu.3,art.2,ad4. 그러므로 "인간의 행복은 본질적으로 궁극목적인 창조되지 않은 선과의 결부에 있다"Iallae,qu.3,art.3,res. 창조되지 않은 선이란 하느님을 가리킨다. 그러므로 행복도 인간이 하느님과 연결되는 작용을 하느냐에 달려 있다. 여기서 작용operatio이란 자유의지에 의한 마음 씀씀이를 가리킨다. 그런데 인간의 현재의 삶의 상태에서는in statu praesentis vitae 그런 작용이 지속되지 않는다. 하느님은 본질적으로 행복하고Iallae,qu.3,art.2,ad4, 인간은 본질적으로 자유롭다. 행복도 인간의 행위에 달려 있다. 그런데, 그 행위와 작용은 하느님과 결부되는 행위여야 한다. 하느님에게 작용이 있다면, 그것은 "타자가 아니라 자기 자신을 향유하는 작용이다"Iallae,qu.3,art.2,ad4. 그것을 가리켜 하느님의 행복beatitudo Dei이라고 한다. 그러나 인간의 행복은 하느님이라고 하는 타자를 향유하는 작용에 있다. 자연사물을 향유하느냐, 아니면 하느님을 향유하느냐 하는 자유의지liber arbitrium의 작용에 의해 행복이 결정되는 것이다. 그런데, 현재의 상태에서 인간은 하느님을 향유하는 행위를 지속적으로 하지 못한다. 그러므로 "현재의 삶의 상태에서는 완전한 행복이 인간한테 획득될 수 없다." 다만 하느님으로부터 약속될 뿐이다IaIIae,qu.3,art.2,ad4. 약속된 것을 얻기 위해 수많은 운동을 해야 하고, 그런 공적mertia이 있어야 행복에 도달할 수 있다. 행복은 "덕스러운 행위들에 대한 포상praemium virtuosarum operationum"이다IaIIae,qu.5,art.7,res. 그리고 신앙이 있든 없든 현재의 상태에서는 완전한 행복이 없다. 신앙이 없는 자연 상태에서도, 아퀴나스는 도덕성에 따른 불완전한 행복을 인정한다IaIIae,qu.5,art.6,res. 그리고 신앙이 있는 상태에서도 현재에는 불완전한 행복이 있을 뿐이다. 그리스도인들은 은총으로 의롭게 여김을 받는 행복이 있지만, 그것은 여전히 불완전한 행복이며, 완전한 "행복으로 향하는 원동력principium motus" IaIIae,qu.5,art.8,ad3이 되는 것이다.

한편 행복의 문제에서 아퀴나스는 주지주의적인 경향을 보인다. 의지에 대한 지성의 우위, 또는 실천적 지성에 대한 사변적 지성의 우위를 말하고 있다. 완전한 행복은 최종 목적의 획득consecutio finis ultimi에 있다. 그런데 획득의 단계에서는 움직임이 멈추고 관상이 있다. 목적을 향해 움직이는 것을 의지라고 할 수 있지만, 최종 단계에서는 마음이 움직이는 게 아니고 아는 것cognitio이다. 지성의 활동으로 최종 목적이 우리에게 현존하게 된다fit praesens nobis per actum intellectus. IaIIae,qu.3,art.4,res. 그것이 최종목적의 획득이다. 거기에 행복의 본질이 있다. 그러나 본질적 행복에는 즐거움delectatio이 수반된다. "그 즐거움은 목적이 현전하는 데서 의지에 생겨난다" IaIIae,qu.3,art.4,res. 목적을 획득하면 목적을 향해 움직이던 이성 곧 의지는 멈추고 쉼을 얻는다. 그리고 그동안의 움직임에 대한 보상으로 즐거움이 주어진다. 즐거움은 "보상받은 의지voluntas merentis"이다IaIIae,qu.4,art.1,ad1.

그 즐거움은 지성으로 도달하는 목적finis intelligibilis에 도달했을 때 주어지는 것이다. 지성으로 알 수 있는 것intelligibilis을 가리켜 '예지적'이라고도 번역하는데, 감각적인 대상을 파악하고 아는 것이 아니라, 초감각적인 대상을 지성으로 아는 것을 가리킨다. 물론 지성을 배제한 채 감각에 이끌려 목적을 쟁취하는 경우에도 즐거움이 따를 수 있다. 그러한 감각적 목적finis sensibilis을 획득했을 때에는 의지에 쉼이 없고, 진정한 즐거움이라고 할 수 없다. 물론 모든 감각적 목적의 획득이 잘못된 것은 아니고, 궁극적 목적인 예지적 목적을 위한 수단으로 사용될 수는 있다. 여하튼 아퀴나스는 행복의 본질을 지성적인 것으로 본다. 궁극적이고 본질적인 차원은 지성의 차원이다. 거기서는 하느님을 보게 되는데, 사변적 지성에 의해 하느님을 보는 것이 즐거움보다 우월하고visio est potior quam delectatio. IaIIae,qu.4,art.2,res., 즐거움은 그러한 신 인식에 뒤 따라 오는 것이다. 궁극적 단계에서 '하느님을 봄visio dei'은 현재의 삶에서 하느님을 인식하는 것의 완성이고, 궁극적 단계에서의 '즐거움'은 현재의 삶에서 하느님을 사랑하는 의지의 완성이다. 의지의 완성은 쉬는 것이고, 거기에 따르는 것이 즐거움이다. 그때에는 지성만 활동한다.

행복에는 즐거움이 없을 수 없고, 즐거움까지 포함해야 한다. 그런데, 그 즐거움은 하느님이라고 하는 "최고선의 획득adeptio summi boni"에 동반되는 것이다IaIIae,qu.4,art.1,res. 선은 의지가 욕구하는 필연적인 것이라면, 즐거움delectatio이란 그 자체로서는 우연accidens이고 부수적인 것이다consequens. IaIIae,qu.2,art.2,res. 즐거움 자체가 선은 아니고, 각각의 즐거움은 어떤 선을 따르는 것이다IaIIae,qu.2,art.2,ad3. 동식물은 감각적 목적을 본능적으로 추구하여 얻으면 감각적 즐거움delectio sensibilis을 얻는다. 인간도 감각적 즐거움을 더 강력하게 욕구하는데, 그것은 "감각적 작용들이 우리 인식의 시작principia이기 때문"IaIIae,qu.2,art.7,ad2이라고 아퀴나스는 설명한다. 배고플 때 찾는 밥은 감각적 즐거움을 가져다준다. 그런데, 육욕libido이 찾는 쾌락voluptas도 감각적 즐거움이지만, 그것은 참된 즐거움이 아니다. 그릇된 쾌락이나 참된 즐거움이나 모두 선을 획득할 때 생기지만, 인간에게 고유한 참된 즐거움은 도덕적 선이나, 최고선이신 하느님을 획득할 때 따라오는 것이다. 그러므로 즐거움 자체를 목적으로 삼으면 안 된다. 최고선의 행복에 도달하는 데 있어서, 아퀴나스는 의지보다 사변적 지성을 더 우월하게potior 본다.

아우구스티누스의 경우에는 의지를 많이 강조했다. 사랑은 의지의 작용인데, 바른 사랑이 바른 인식에 앞서는 것으로 말했다. 그러므로 행복도 사랑으로 설명할 가능성이 많다. 아퀴나스 역시 그 점을 알고 있지만, 의지나 사랑보다는 지성을 강조한다. "움직이게 하는 데는 사랑이 인식보다 우위에 있지만, 도달하는 데 있어서는 인식이 사랑을 선행한다"Iallae,qu.3,art.4,ad4. 사랑하고 좋아하여 목적을 향해 나가지만, 좋아하던 것을 차지하는 것은 지성이라는 말이다. 이것은 물론 하느님이라는 최고선을 획득할 때의 얘기이다. 다시 말해서 완전한 행복의 단계를 말하는 것이다. 의지보다 지성을 우위로 보는 견해는 인간의 죄에 대한 아퀴나스의 견해가 아우구스티누스와 조금 다른 데서 발생한다. 아퀴나스는 인간의 자연이성이 완전하게 타락했다고 보지 않는다. 그래서 신 존재 증명도 시도한 것이다. 물론 아퀴나스가 인정하는 자연이성은 앎과 관련된 지성의 측면이다. 신 인식의 가능성 다시 말해서 행복도달의 가능성에 주안점을 두면서, 인식을 강조하는 것 같다. 사람이 완전한 덕을 이루지 않고도 신을 알고 사랑함으로 행복에 도달할 수 있는 길을 지성에서 찾는다. 그러나 인간의 이성이 부패해서 하느님을 인식하기 어렵고 다만 사랑할 수 있다는 쪽을 강조하면, 지성보다는 의지가 강조될 것이다. 아우구스티누스의 견해가 그렇다.

물론 의지에도 지성이 들어 있다. 의지란 이성적 욕구이기 때문이다. 아퀴나스는 지성을 둘로 나누어, 사변적 지성과 실천적 지성으로 나눈다. 지성이란 파악하고 아는 것인데, 아는 것을 진실이나 진리를 생각하는 데 사용하면 사변적 지성이라고 한다. 그리고 아는 것을 활동하는 데operatio 사용하면 실천적 지성이라고 한다Ia,qu.79,art.11,res. 의지의 활동에도 이성적 판단이 따르는데, 그럴 때의 이성을 실천적 지성이라고 할 수 있다. 의지는 자기 밖의 선을 지향하는 것이다. 그러한 의지를 돕는 실천적 지성은 "자기 밖에 있는 선으로 질서 지어져 있다ordinatur ad bonum quod est extra ipsum." 그러나 "사변적 지성은 그 자체 안에 선을 가지고 있다" IaIIae,qu.3,art.5,ad2. 그렇게 보면 하느님은 "자기 본질인 것에 대해서는 실천적 인식을 갖지 않고 다만 사변적 인식만을 갖는다"IaIIae,qu.3,art.5,ad1. 물론 아퀴나스는 하느님의 욕구와 의지에 대해서도 말한다. 그 경우에는 하느님도 자기 밖의 선에 대해서 욕구하고 의지하는 것인가? 물론 하느님은 삼위일체 하느님이기 때문에, 낯선 자기를 겪는다. 그런 문제가 있기 때문에, 하느님의 사변적 인식을 말할 때, '자기 본질인 것에 대해서'라고 조건을 붙인 것이다. 삼위의 관점에서 보면 하느님도 어떤 바깥의 선에 대한 욕구와 사랑을 말할 수 있기 때문이다. 그러나 그 경우에도 삼위는 한 분 하느님 안에서의 얘기이다. 따라서 하느님에게는 자기 바깥의 선을 추구하는 의지는 없다고 해야 할 것이다. 그러므로 하느님의 의지는 원칙적으로 실천이성이라고 할 수 없다. 인간의 최종목적은 인간 밖의 하느님이지만, 하느님에게는 바깥이 없다.

인간의 최종목적이 인간을 초월해 있으므로, 인간은 실천적 지성의 작용을 통해 의지로 그 목적에 도달할 수 없다. 이러한 한계는 사변적 지성에도 적용되어야 할지 모른다. 그러나 아퀴나스는 실천적 지성으로 불가능한 것을 사변적 지성으로는 가능하다고 본다. 적어도 이성의 최종목적에 도달하는 것은 실천이성의 작용이 아니라, 사변이성의 작용이라는 얘기이다. 인간의 의지로 이룩하는 실천적 덕성의 한계를 사변speculatio과 관상contemplatio으로 극복하려고 하는 것 같다. 실제로 아퀴나스는 많은 일에 사로잡히는 실천적 삶보다는 진리를 관상하는 삶이 더 행복하다고 본다IaIIae,qu.3,art.2,ad4. 물론 그런 사변적 지성의 작용에도 하느님의 은총이 개입된 것이라고 할 수 있다. 왜냐하면, 하느님은 "인간의 지성 위에supra intellectum humanum" 있어서, 인간과는 "분리된 실체substantia separata"이기 때문이다IaIIae.qu.3,art.6,res. 원래 행복은 인간의 자연본성 너머에 있는 것이다. 궁극적 행복은 하느님을 보는 데서 발생하기 때문이다. 물론 자연이성의 덕성으로 어느 정도의 행복을 누릴 수 있다. 물론 그런 불완전한 행복의 경우에도 하느님의 작용이 있다. 선을 향하는 것 자체가 하느님의 작용이기 때문이다. 그러나 자연 이성의 도덕 행위에는 자유의지를 지닌 인간의 작용도 있다. 그러므로 인간의 불완전한 행복에는 인간과 하느님이 모두 작용한다고 할 수 있다. 그러나 "완전한 행복에 대해 말한다면, 인간은 다만 하느님이라는 작용자에 의해서만solo Deo agente 행복하게 된다"IaIIae,qu.5,art.6,res. "궁극목적 자체에 도달하는 것은 하느님이라는 제1작용자 자신에 의해per ipsum primum agentem 이루어진다"IaIIae,qu.5,art.6,ad1. 이때 인간은 절대 수동성에 도달할 것이다.

사변적 지성을 통한 신 인식을 강조하는 아퀴나스는, 지성이 "하느님의 본질을 봄visio divinae essentiae"에서 완전한 행복이 이루어진다고 말한다. 물론 이것은 이 세상의 삶에서 이루어지는 일은 아니다. 이 땅에서는 완전한 행복의 분유participatio 또는 유사성IaIIae,qu.5,art.3을 향유할 수는 있다. 본다는 것은 지성이 인식 "대상인 하느님과의 합일unio ad Deum sicut ad objectum"을 이룬 것이다. 하느님과의 합일이라고 해서, 하느님과 동일해진 것은 물론 아니다. 그래서 전치사 ad를 사용했는데, 어디를 향한다는 뜻이다. 하느님과 동일 수준에서 하나가 된 것이 아니라, 멀리서나마 인식 대상의 본질을 이해하고 파악comprehensio했다는 것이다. 지성에 의한 합일을 말함으로써 아퀴나스는 의지로 하느님과 하나가 되는 것을 피하면서 목적달성을 말할 수 있었을 것이다. 아퀴나스는 하느님과의 합일로 지성이 자기완성을 이룬다고 한다IaIIae,qu.3,art.8,res. 아퀴나스가 말하는 파악은 근대 철학과 달리, 인식 대상이 인식 주체에 포함inclusio되는 것을 가리키지 않는다IaIIae,qu.4,art.3,ad1. 파악comprehensio이나 이해apprehensio나 인식cognitio은 바라던 목적이 눈앞에 현존할 때 발생하는 것이지만, 여기서 목적의 현존이란 인간의 이성이 추구하던 목적과 동일 수준에 도달했거나 손 안에 넣은 것을 가리키지 않는다. 그 대상이 초감각적인 하느님에게 적용되었기 때문이다. 그러면 아퀴나스는 인식이나 봄visio이라는 말 이외에 또 이해와 파악comprehensio이라는 말을 굳이 사용했을까? 하느님이라는 목적을 인간이 지성으로 획득adeptio, consecutio할 수 있음을 더 분명히 말하기 위해서일 것이다.

의지는 예지적 목적 곧 초감각적 목적을 사랑amor하고 희망spes한다. 희망이란, 사랑의 대상이 그것을 획득하고자 하는 자의 능력을 넘어서 있지만, 불가능하지 않고 획득 가능할 때 발생한다Iallae,qu.4,art.3,res. 획득이 불가능하지만 가능한 것이다. 그런 의미에서 사람은 궁극목적을 바라고 희망한다고 할 수 있다. 그런 사랑과 희망은 모두 의지의 작용이다. 의지는 목적에 도달하기를 바란다. 그것은 불가능한 가능성이다. 그러나, 실제로 도달하여 목적의 현존을 보는 것은 지성이다. 의지의 희망이 바라보는 가능성은 지성의 인식으로 현실화되는 것이다. 궁극목적을 사랑하고 바라는 의지는 올바른 의지이다. 그런 의지의 올바름rectitudo voluntatis이 행복을 위해 필요한 것은 두말할 나위가 없다. 올바른 의지가 선행되어야 궁극적으로 지성이 목적을 획득하는 것이다Iallae,qu.4,art.4,res. 올바른 의지란 바로 그러한 지성의 궁극적인 활동을 향하는 의지이다. 그것을 의지의 올바른 끌림recta inclinatio voluntatis이라고도 할 수 있다Iallae,qu.4,art.4,ad2. 흔히 인간의 욕구는 잘못된 경향성을 가지고 있을 수 있고, 그것을 따르는 의지는 잘못된 의지이다. 잘못된 의지가 흔하기 때문에 아퀴나스는 바른 의지를 말하는 것이다. 마음을 바로 쓰는 의지의 노력을 통해 우리의 의지는 올바른 끌림을 가지게 될 것이다.

인간의 자연이성으로는 불완전한 행복을 가질 수 있지만, 완전한 행복에 도달하는 데는 하느님의 도움이 필요하다. "궁극적 행복은 인간의 지성과 의지를 초월excessio"하기 때문이다Iallae,qu.5,art.5,res. 물론 아퀴나스는 인간의 의지가 "자연본성적으로 그리고 필연적으로naturaliter et ex necessitate" "행복의 공통된 근거인 궁극적이고 완전한 선bounum finalum et perfectum, quae est communis ratio beatitudinis"인 하느님에게로 향한다고 본다Iallae,qu.5,art.8,ad2. 이렇게 되면 신앙이 없는 자연이성도 이미 하느님에게로 향하고 있다고 볼 수 있다. 그들이 덕을 이루는 것도 하느님의 빛을 분유받기 때문이라고 할 수 있다. 궁극적으로 하느님의 본질을 보는 단계에서뿐 아니라, 일상적인 인간의 도덕성도 하느님의 은총이라는 것이다. 그러나 자연이성으로는 불완전한 덕과 불완전한 행복을 획득할 수 있지만, 완전한 행복은 획득할 수 없다. 그렇다면 신앙인들은 이 땅의 삶에서 완전한 행복을 취득할 수 있는가? 아퀴나스는 한편으로는 현재의 삶에서는 하느님의 본질을 볼 수 없다고 말한다. 그러니 완전한 행복은 불가능한 것이다. 그럼에도 관상의 생활을 강조하는 이유는 무엇인가? 미흡하나마 완전한 행복을 어느 정도 맛보는 것이 가능하다고 생각하는 것 같다. 지속적이지 않더라도 말이다. 그리고 성인의 경우를 그런 완전한 행복에 어느 정도 도달한 사람으로 보는 것 같다. 중세의 아퀴나스에게는 성인 사상이 있어서 하느님의 본질을 보는 측면을 여러 번 얘기하는 것 같다. 완전한 행복은 한계 이념으로 그치는 게 아니라, 신앙인들에게 이 땅에서 경험 가능한 것이다.

또 한 가지 생각해야 할 것은, 신앙이 없는 자연이성에도 불완전한 행복을 인정하고 있다는 점이다. 그렇다면, 신앙은 행복을 위해 특별히 어떤 기능을 하는가?

2. 도덕의 원리와 선악의 문제

도덕론은 행복론의 연장에서 전개된다. 행복하게 하는 행위란 도덕적 행위이기 때문이다. 도덕의 원리는 인간의 행복의 원리와 같다. 따라서 도덕을 다루는 2부는 대부분 질문 1에서 5까지에서 다룬 주제 곧 행복론에서 다룬 문제의 연장에 있다고 할 수 있다. 다시 말해서 이성의 활동을 수반하는 의지의 문제, 인간에게 고유한 행위의 문제, 쾌락과 참된 즐거움의 차이, 의도의 문제, 목적을 향유하는 문제 등을 다루게 된다.

인간의 행위에는 고유하게 인간적 행위가 있고, 동물과 공유하는 행위가 있다. 참다운 행복은 인간에게 고유한 행위에 있다. 그것은 의지적 행위이다. 의지는 이성적 판단이 들어간 욕구이다. 이성적 욕구만이 인간을 행복하게 한다. 감정에 따른 행위는 인간이 동물과 공유하는 행위이다. 그것은 쾌락을 좇는다. 아퀴나스가 말하는 비의지적 행위는 그처럼 이성적 판단 없이 감정에 따르는 행위를 가리킨다. 비의지적 행위는 도덕과 무관한 행위 또는 부도덕한 행위를 가리킨다.

2부 전반부의 질문 6에서 21까지는 인간에게 고유한 행위 곧 의지적 행위에 대해서 다룬다. 여기서는 의지를 움직이는 힘, 의지가 움직이는 방식에 대해서 논하는데, 즉각적으로 의지에서 나오는 행위와 다른 힘을 매개로 의지가 명하는 행위에 대해서 다룬다. 그리고 의지가 그 대상을 향유하는 것을 다룬다. 그리고 인간 행위의 선악 문제를 다루는데, 의지 내부의 선악이 있는 경우와, 밖으로 나온 행위의 선악을 각각 나누어서 다룬다.

질문 22에서 48까지는 비의지적 행위를 일으키는 감정의 문제를 다룬다. 감정에 이끌리면 인간을 인간적이게 하지 못하고, 참다운 행복과 거리가 먼 행위를 하게 된다. 여기서 다루는 감정은, 사랑, 미움, 탐욕, 기쁨과 쾌락 그리고 슬픔과 두려움, 분노 등이다. 사랑과 쾌락과 슬픔과 두려움 그리고 분노에 대해서는 많은 부분을 할애해서 자세하게 다루고 있다. 유학에서 말하는 칠정七情은 희로애구애오욕喜怒愛懼哀惡欲인데, 이것은 각각 기쁨과 분노, 사랑과 두려움, 슬픔과 싫어함(미워함), 그리고 하고자 함(탐욕)이다. 아퀴나스가 다루는 감정과 거의 일치한다. 칠정을 희로애락喜怒愛樂으로 줄여서 말하기도 하는데, 기쁨과 분노 그리고 사랑과 쾌락(즐거움)이다. 아퀴나스가 강조하여 설명하는 감정과 비슷하다.

이어서 아퀴나스는 인간의 덕목에 대해서 다룬다. 질문 49부터 54까지 습관에 대해서 다루는데, 아리스토텔레스처럼 아퀴나스도 인간의 덕성을 마음의 습관이라고 보기 때문이다. 훈련해서 습관화할 때 덕목이 형성된다고 보는 것이다. 이것을 덕의 윤리라고 하는데, 근대 이후에 크게 각광을 받은 칸트의 형식주의 윤리와 대비된다.

인간의 각종 덕목에 대해서는 질문 55에서 89까지 다룬다. 도덕적 덕성을 논하기 전에 먼저 지성적 덕성과의 차이를 말한다(질문 57, 58). 도덕적 덕목에 대해서는 유명한 네 가지 중심 덕목 곧 사추덕四樞德에 대해서 말한다(질문 61). 네 가지 중심 되는 덕은 지혜Prudence, 정의Justice, 절제Temperance, 용기Fortitude이다. 그리고 도덕적 덕성과 구분해서 신학적 덕성을 얘기한다(질문 62). 신학적 덕목이란 믿음과 희망과 사랑을 가리킨다. 믿음이 소망에 앞서는지, 그리고 희망이 사랑을 앞서는지, 그런 문제를 다룬다. 그리고 질문 71에서 89까지 상당한 부분을 할애해서 죄의 문제를 다룬다. 이 부분에서는 죄의 원인에 대해서 얘기하고(질문 75~81), 원죄가 무엇인지(질문 83, 84), 그리고 원죄의 가장 큰 결과는 인간의 본성이 타락했다는 데 있다는 점(질문 85)을 다룬다.

덕성과 죄의 문제를 다룬 다음에 아퀴나스는 법을 다룬다. 질문 90에서 92까지 법의 본질과 그 효과를 다루고, 이어서 영원법(질문 93)과 자연법(질문 94) 그리고 인정법(질문 95~97)을 다룬다. 아퀴나스의 법 이론이 도덕론 부분에서 다루어지는 까닭은 법을 도덕의 일부로 보았기 때문이다. 오늘날에는 법과 도덕이 명확하게 구분된다. 근대 이후에 현실정치의 권리 의무 문제와 인간의 마음속을 규제하는 도덕은 분리되었다. 그러나 중세에는 덕의 정치를 말했기 때문에 현실정치는 언제나 도덕성을 앞세운 교회의 견제를 받았다. 아퀴나스가 말하는 인정법human law이 현실의 정치와 경제에서 사용되는 법 곧 실정법positive law을 가리킨다. 자연법이란 도덕에 가까운 것이다. 아퀴나스는 인정법을 하느님의 뜻(영원법)에 맞는 것으로 정당화하지만, 인정법보다는 자연법을 상위의 법으로 생각했다. 그래서 인정법은 절대적 효력을 갖지 못하고 경우에 따라서는 자연법의 규제를 받아야 된다. 현실 제도를 한편으로 정당화하면서 다른 한편으로는 그리스도교적인 이상에 따라 현실을 규제하고자 하는 아퀴나스의 종합 신학의 결과라고 할 수 있다.

질문 98부터 108까지는 구법과 신법에 대해서 논하고 있다. 이것은 각각 구약성서의 계명(질문 98~105)과 신약 성서의 계명(질문 106~108)을 가리킨다. 그러므로 이 부분은 법학의 분야라기보다는 신학이라고 할 수 있다. 그러나 성서에도 사회법이 들어 있기 때문에, 법학과 무관하지는 않다. 구약성서의 계명에 대해서는 다시 도덕법과 제의법 그리고 사회법으로 나누어 고찰한다. 제의법에 대해서 많은 부분(질문 101~103)을 할애하는 것은, 중세 당시의 교회의 필요 때문이었을 것이다.

2부 전반부의 마지막 부분(질문 109~114)에는 하느님의 은총의 문제를 다루고 있다. 2부에서 다루고 있는 도덕과 법이론이 신학의 테두리 안에서 이루어지고 있음을 상기시키는 것이다. 은총은 인간의 도덕 행위의 원동력이기도 하고, 인간을 죄에서 구원하는 선물이기도 하다. 하느님의 은총과 인간의 노력meritus은 어떤 관계에 있는지를 마지막(질문 114)에서 다루고 있다.

아퀴나스는 인간 행위의 선과 악의 문제를 질문 18부터 질문 21까지에서 다룬다. 선악의 문제를 네 가지 차원으로 말한다.

첫째는, 존재하는 한 선하다. 이 명제는 아우구스티누스가 세상에 대한 원초적 긍정을 표현하는 명제이다. 아퀴나스는 아우구스티누스의 표현을 받아들여 행위 이론에 적용한다. 존재와 선은 아퀴나스 신학의 핵심 개념이다. 그리고 그 둘은 일치한다. 존재와 선은 개념상 서로 다르지만, 사실상 같은 것이다. 일차적으로 인간은 존재를 인식하지만, 그러나 사실로는 선이 존재에 앞선다. 하느님은 선하시므로 존재한다. 세상도 뭔가 선한 것이 있어서 존재하는 것이다. 하느님은 최고선이므로 최고 존재요, 존재 자체이다. 세상은 잠재된 선을 가지고 있고, 그것이 완전히 현실태로 구현되지 않은 상태이므로 그만큼 선의 정도가 낮다. 그만큼 단적으로 선하지 못하고, 어떤 면에서 선하다.

그런데 존재의 문제와 행위의 문제는 어떤 관계에 있는

가? 아퀴나스에게서, 무엇이 있다는 것은 곧 움직인다는 것이요, 행위하는 것이다. 피조물의 세계에서 그렇다. 그러므로 존재와 행위는 같은 것이다. 존재하는 한 행위하는 것이다. 그러므로 만일 존재하는 한 선하다면, 행위하는 한 선하다는 말도 성립된다. 그리고 존재의 정도가 있다면 행위의 정도도 있을 것이다. 하느님은 행위 자체라고 할 수 있다. 하느님은 순수 현실태actus purus이므로 순수 행위actio pura요, 행위할 뿐 겪지 않는다. 수동성passio이 없다는 말이요, 감정passio이 없다는 말이다. 그러나 인간은 하느님에 비해 존재가 떨어지는 만큼 행위의 정도도 떨어진다. 그래서 인간은 여러 상황을 겪고, 감정에 치우쳐 산다. 이런 문제들은 모두 아퀴나스의 도덕이론의 바탕이 되는 주제이다. 도덕이란 감정에 끌리지 않고 이성의 판단에 따르는 것이요, 그때 인간은 가장 활동적이 되고 행위자agens의 면모를 가지게 되는 것이기 때문이다. 그리고 그때 인간은 그 존재가 가장 충만하게 된다.

인간이 살아 있다는 것은 움직이고 있다는 것이요, "존재하고 움직이고 있는 한 선하다"Iallae,qu.18,art.4,res. 물론 이 움직임은 본질적으로 형상을 향한 마음 씀씀이를 가리킨다. 다시 말해서 도덕적 행위를 가리킨다. 그러나 아퀴나스는 부도덕한 행위에도 선이 들어 있다고 본다. 부도덕한 행위도 존재의 현상이고, 존재하는 한 선하기 때문이다. 그 점에서 부도덕한 행위를 무로 향해 존재의 정도를 떨어뜨리는 쪽을 강조한 아우구스티누스와 묘한 차이가 있다. 악을 선의 결핍으로 보는 점에서는 아퀴나스와 아우구스티누스가 같다. 아퀴나스는 아우구스티누스의 사상을 이어서, 악을 실체로 보지 않고 선의 결핍으로 본다. 그러나 아우구스티누스가 악을 선의 결핍이라고 할 때, 그 강조점은 선을 채우면 악은 사라진다는 데 있다. 다시 말해서 악을 치유하는 쪽에 강조점을 둔 것이다. 그러나 아퀴나스가 악을 선의 결핍이라고 볼 때, 그것은 흠이 있는 선이라는 의미가 강하다. 선이 없는 게 아니라 부족한 선이라는 뜻이다. "악은 부족한 선 때문에 이루어진다"Iallae,qu.18,art.1,ad1. 여기서 말하는 부족한 선bonum deficientis은 선의 결핍bonum privatum과 그 의미가 약간 다르게 보인다. 부족하지만 선이라는 말이다. 악한 행위도 선 때문에 이루어진다는 말이다. 그러므로 결함이 있고 부족하기는 하지만, 그래도 악한 행위에도 선이 들어 있다. 그리고 그만큼은 선하다.

그런데, 아퀴나스는 왜 악도 선 때문에 이루어진다고 하는가? 모든 행위는 선에서 나오기 때문이다. 선이 없으면 행위도 없다. 그런데, "선의 본질은 존재의 충만함plenitudo essendi에 있다"IaIIae,qu.18,art.1,res. 그러므로 모든 행위 안에는 선이 있고, 존재가 들어 있다고 할 수 있다. 이 말은 무슨 말인가? 모든 행위는 선을 지향한다. 존재하는 한 행위하고, 행위하는 한 선을 지향한다. 악한 행위도 마찬가지다. 예를 들어 남의 물건을 훔치는 행위는 악하다. 그러나 그런 행위도 자기가 살려고 그러는 것이다. 만일 그런 건설적인 측면이 전혀 없이 파괴만 있는 행위라면 인간의 행위가 아니라, 사탄의 행위라고 해야 할 것이다. 인간의 행위인 한, 그것이 악하다 하더라도 적어도 자기 유익을 위해서, 자기 즐거움을 좇아서 행한다. 그것은 공공선에 어긋나기 때문에 악이라고 하지만, 그러나 어떤 유익을 좇는다는 점에서는 선한 면이 있다. 그리고 그런 행위도 자기 존재의 번영을 추구하는 점에서, 악한 행위에도 존재가 들어 있다. 그래서 아퀴나스는 행위가 그처럼 "존재를 가지고 있는 한, 선을 가지고 있다" Iallae,qu.18,art.4,res.고 말할 수 있었던 것이다. 그처럼 존재와 선을 갖고 있는 한, 악한 행위도 모종의 효과를 가져온다. 아퀴나스는 간음의 예를 든다. 간음은 이성의 결핍이라는 점에서 아무런 효과도 기대할 수 없지만, 남녀의 결합이라는 점에서 아이를 낳는 효과를 기대할 수 있다Iallae,qu.18,art.1,ad2. 여기서 효과effectus라고 말한 것은 선한 효과를 가리킨다. 그래서 악한 행위는 그냥 말할 때는simpliter 악이라고 하지만, 어떤 점에서는secundum qui 선하다Iallae,qu.18,art.1,ad1.

아퀴나스의 이런 생각은 일상에서 먹고살기 위한 인간의 모든 행위를 긍정하는 그의 신학을 형성한다. 선과 악을 절대적인 것으로 대립시키지 않는다. 물론 아우구스티누스 전통도 악을 절대화하지는 않지만, 인간의 일상적인 삶에 들어와 있는 죄가 치명적이라는 점이라는 점을 강조한다. 그래서 악으로부터 선으로의 전환을 강조한다. 그러나 아퀴나스는 악한 행위에도 선이 들어 있음을 강조함으로써, 삶의 모호성을 감싸 안을 수 있다. 그러면서 다른 한편으로, 높은 수준에 맞추어 인간의 행위를 부도덕하게 보는 관점을 벗어나 이기심에서 행하는 행위도 긍정하는 효과를 지닌다. 악과 선의 대립이, 부족한 선과 완전한 선의 대립으로 대치된다. 그렇게 되면 도덕적 긴장이 많이 누그러지게 될 것이다. 완전한 선이야말로 궁극적인 목적이지만, 그러나 궁극 이전의 선들도 삶에 필요하고, 그것을 악으로 정죄할 이유가 없다. 따라서 아퀴나스의 사유는 좀 더 실용적이면서, 인간의 현실을 정당화하여 비판의 칼이 무뎌지는 양면성을 지니고 있다. 아퀴나스가 『신학대전』에서 펼친 종합신학의 내용이 그렇다.

둘째, 인간의 행위는 적합한 대상objectum을 향할 때 선하다. 이것은 의지와 관련해서 도덕적 선을 가리킨다. 인간의 존재 충만plenitudo essendi은 인간이 자신의 본질essentia을 구현할 때 발생한다. 본질이란 인간이 잠재태로부터 현실태로 구현할 그 형상forma을 가리킨다. 사람을 사람 되게 하는 것이 사람의 본질이고, 그것은 참사람의 형상을 가리킨다. 인간의 본성은 참사람을 지향하게 되어 있고, 그런 본성의 행위야말로 으뜸가는 선prima bonitas이다. 인간의 행위가 참사람이라고 하는 대상을 향하고 있느냐에 따라서 그 선함이 결정된다. 그것이 "도덕 행위의 첫 번째 선은 적합한 대상에서 나온다"Iallae,qu.18,art.2,res.고 한 말의 의미이다. 행위의 적합한 대상이 행위의 선을 결정한다는 것은, 인간의 종적인 특징을 드러내는 행위가 선하다는 말과 같다. 인간의 종적인 특성은 이성에 있다. 그러므로 행위의 적합한 대상이란 이성에 맞는 것이다. 이성에서 나온 행위가 인간의 종적인 특징을 나타내고, 따라서 선하다. 이성에 맞지 않는 행위는 인간다움을 드러내지 못해서 악하다Iallae,qu.18,art.5,res.

셋째, 어떤 행위의 선과 악은 행위의 상황circumstantia에 의해서도 결정된다.

자연 사물은 그 종을 결정하는 실체적 형상만으로는 완벽하지 않고, 색깔이나 모양 등 우연한 요소도 중요하다 Iallae,qu.18,art.3,res. 예를 들어 모든 말은 말의 형상을 구현하고 있다. 말의 형상이 모든 말의 종적인 특징을 이루고, 말의 실체를 결정한다. 그러나 말마다 모양과 색깔이 다르고, 그 다름에 따라 더 좋은 말과 나쁜 말이 결정된다. 아퀴나스는 그런 자연사물의 예를 행위 이론에 적용한다.

앞에서 보았듯이 행위에서 종을 결정하는 실체적 형상이

란 인간다움 또는 참인간이라고 해야 할 것이다. 사람다운 행위 또는 사람에게 고유한 행위가 사람의 사람됨을 결정한다는 말이다. 사람은 이미 사람이지만, 참사람이 되어야 한다. 그때 참사람이 인간의 행위를 인간다운 행위로 만드는 실체적 요소요, 종적 특징을 결정한다. 존재에 있어서나 행위에 있어서나 실체성을 이루는 핵심은 형상이다. 그럴 때 참사람이라고 하는 형상은 인간의 이성적 욕구인 의지의 대상이 되는 선이다. 참사람이라는 의지의 대상은 실체적 선을 결정한다. 그러한 선을 대상으로 추구하는 의지와 행위를 선하다고 한다.

그러나 도덕 이론은 상황도 고려해야 한다. 마땅히 해야 할 바를 때와 장소에 맞게 행하는 데 따라서 선과 악이 결정되기도 한다. 물론 도덕성의 실체가 때와 장소에 있는 것은 아니다. 상황은 행위의 본질을 이루지 않는다는 점에서 행위의 바깥이기 때문이다Iallae,qu.18,art.3,ad1. 행위의 본질 또는 행위의 실체성을 이루는 것은 의지와 욕구의 대상이다. 그러나 행위에는 언제나 상황의 문제가 따른다는 점에서 상황이 행위 안에 속한다고 할 수도 있다Iallae,qu.18,art.3,ad1. 그뿐만 아니라 원래 인간은 주체인데, 주체란 잠재태에서 현실태로 변화하는 행위자를 가리킨다. 주체가 아닌 실체인 하느님과 달리, 주체는 우연을 수반하게 되어 있다. 그러므로 인간의 행위를 다루는 도덕 이론은 늘 상황을 고려해야 한다 IaIIae,qu.18,art.3,ad1.

본질과 우연을 가리는 측면에서 보면 행위의 때와 장소는 도덕적 행위의 본질적 요소가 아니라 우연한 요소이다. 그러나 아무리 목적이 좋아도 때와 장소에 맞는 행위라야 도덕적 선이라고 할 수 있다. 선의 본질적 요소와 우연한 요소가 합해져야 충만한 선plenitudo bonitatis이라고 할 수 있다 IaIIae,qu.18,art.3,res. 아무리 동기가 좋다고 하더라도, 때와 장소가 맞지 않으면 악한 행위가 될 수 있다. 이런 면에서 아퀴나스의 도덕론은 칸트적인 동기 윤리나 원칙주의와 다르다.

넷째, 행위의 목적에 따라서 인간 행위의 선과 악이 결정된다.

여기서 말하는 목적은 행위의 원인을 가리킨다. 인간은 스스로 존재하지 못하고, 그 존재를 외부 원인에 의존한다. 인간의 행위도 마찬가지이다. 인간의 선한 행위는, 인간의 행위를 선하게 유도하는 외부 원인에 의존한다. 그러한 외부 원인을 가리켜서 목적finis이라고 한다. 아퀴나스는 인간의 "존재가 행위자와 그 형상에 의존하듯이, 그 행위의 선함은 목적에 의존한다"고 한다. 하느님의 행위와 달리 인간의 행위의 선함은 외부적인 것에 의존하기 마련이고, 외부적인 것이란 행위의 목적을 의미한다Iallae,qu.18,art.3,ad2. 인간 외부의 목적이란 하느님이요, 하느님 안의 형상이다. 목적은 외부적인 것이지만 인간의 의지는 늘 그 목적에 맞추어야 한다Iallae,qu.18,art.3,ad2. 인간이 그의 본래 목적을 위해서 행위할 때 그 행위는 선하다.

여기서 목적finis이란 대상object의 특징을 가리킨다Iallae,qu.18,art.6,ad1. 목적이란 다름 아닌 의지의 대상인 것이다. 그러면 왜 아퀴나스는 행위의 대상objectum이란 말과 구분해서 목적이란 말을 사용했는가? 특별히 행위의 외부적 원인이라는 측면을 부각하면서 대상과 구분해서 쓴 것 같다. 인간은 참 인간이 되기를 바라면서, 공공선을 바라고 또한 하느님을 바라게 된다. 형상은 인간에게 외부적인 측면을 지니고 있고, 바라는 것이 하느님과 하느님 안의 형상이라는 점에서 그 목적은 외부적이다. 선한 행위가 목적에 맞춘다는 것은 결국 인간의 의지를 공공선에 맞추고, 하느님의 뜻을 따라야 한다는 말이 된다. 아퀴나스에게는 하느님의 뜻을 따르는 것과 공공선을 따르는 것이 일치한다.

목적을 향하는 의지를 의도라고 하는데, 선과 악은 그 의도에 따라 결정된다. 그런데, 인간의 궁극목적은 하느님이고, 하느님의 뜻이다. 그러므로 선한 행위란 그 의도가 하느님의 뜻을 따르는 데 있어야 한다. 결국 대상이라는 말이 갖지 않는 궁극성과 근원성의 의미를 목적이라는 말이 갖는다. 그래서 대상과 별도로, 목적이라는 항목을 두고 있는 것 같다.

더구나, 겉으로 보이는 행위의 대상과 달리 속마음의 의도와 목적이 무엇인가를 판단하는 데 목적이라는 말이 필요한 것 같다. 아퀴나스는 인간의 행위를 내부 행위와 외부 행위로 나눈다. 내부 행위란 의지의 움직임을 가리킨다. 마음을 먹고 마음을 쓰는 인간 내면의 움직임이다. 외부 행위란 바깥에 보이는 행위를 가리킨다. 내부 행위는 손발을 움직이는 외부 행위를 도구로 사용한다IaIIae,qu.18,art.6,res. 내부 행위와 외부 행위는 모두 그 대상을 가진다. 그런데, 특별히 내부 행위의 대상 곧 의지의 대상, 다시 말해서 본래 원하는 것을 가리켜서 목적finis이라고 한다. 사람은 외부로 드러난 행위의 대상만 보고, 그 행위를 평가한다. 아퀴나스는 외부 행위의 대상이 내부 행위의 대상과 다르게 나타나는 예를 들고 있다. 간음을 하기 위해 도둑질을 하는 경우이다 Iallae,qu.18,art.6,res. 그때에는 그 사람의 행위는 도둑질보다는 간음으로 보아야 한다. 외부적으로는 그의 행위의 대상은 남의 재물이다. 그러나 그의 내부 행위의 대상은 다른 사람의 육체이다. 쾌락이나 즐거움은 대상을 얻었을 때의 부산물이지 행위의 대상은 아니니다. 아퀴나스는 말한다. "행위는 그 목적으로서 그 종적인 특징 여부를 판단한다." 간음을 위해서 도둑질하는 행위의 목적은 남의 육체이다. 그러므로 그의 행위의 도덕성 문제는 도둑질보다 간음이라고 하는 내부 행위의 목적을 가지고 판단해야 한다는 것이다.

3. 법의 문제

질문 90부터 질문 108까지는 법의 문제를 다룬다. 법의 본질은 법이 이성적이라는 데 있다. 법이 이성적이라는 말은 아퀴나스에게는 어찌 보면 동어반복이다. 왜냐하면 법이란 행위의 규범이고, 인간 행위의 근원적 원리는 이성이기 때문이다IaIIae,qu.90,art.1,res. 이성은 인간을 목적으로 인도하는 지도 원리guiding priniple이다. 모든 인간의 행위는 목적을 위해 이루어지고, 그 목적으로 인도하는 것이 이성이다. 법 역시 어떤 목적을 이루도록 인간의 행위를 권면하거나 규제하는 것이다. 그런 점에서 법은 이성적이라는 데서 그 본질을 찾아야 한다. 이성 중에서도, 생각이 아니라 "행위를 유도하는 실천이성의 보편적 명제들이 법의 바탕이 된다" IaIIae,qu.90,art.1,ad2. 이론 이성은 명제들을 거쳐 어떤 결론에 도달한다면, 실천이성은 명제들을 통해 목적에 도달한다. 아퀴나스는 이성과 의지를 나누어 이렇게 말하기도 한다. "누구든 먼저 목적을 원하며, 이성은 그 목적을 향해 행위를 명령한다"IaIIae,qu.90,art.1,ad3. 여기서 원한다velle는 것은 의지voluntas

를 가리킨다. 의지란 잘 원하는 것, 제대로 원하는 것, 다시 말해서 이성적 욕구이기 때문이다. 법이란 이처럼 이성에 기반을 둔 것으로서, 어떤 이성적 목적을 달성하도록 우리에게 이성적 행위를 명령하는 규범이다. 법에 대한 아퀴나스의 정의에는, 이성, 의지, 목적, 보편성, 행위 같은 용어들이 중심이 된다.

그렇게 보면 법의 근거primum principium는 궁극적 목적finis ultimus이라고도 할 수 있다. 어떤 목적에 도달하도록 행위를 명령하는 것이 법이기 때문이다. 그런데, 인간에게 궁극적 목적은 행복beatitudo, felicitas이다. 한편 법은 실천이성의 보편명제라고 했다. 그렇다면 행복이라는 궁극적 목적은 개인의 행복이 아니라, 공동체의 행복을 가리킨다. 보편적인 것이란 개인을 넘어 전체를 생각하는 것이기 때문이다. 그러므로 법은 개인의 행위를 규제해서 공동의 선bonum communis, 즉 공동의 행복felicitas communis을 확보하는 것이다. 따라서 법은 개인을 구속하는 효과를 가진다. 개인의 욕망은 제한되고 통치되어야 한다. 이처럼 아퀴나스는 법의 목적과 근거를 공공선에 두는데, 그것은 개인은 불완전하고 전체는 완전하다고 하는 전제가 그의 사상에 깔려 있기 때문이다 IaIIae,qu.90,art.2,res. 그래서 부분은 전체에 속해 있으며, 전체를 위해 개인에게 손실을 부과할 수 있다IaIIae,qu.96,art.4,res. 아퀴나스가 염두에 두는 전체는 국가이다.

법의 목적이 공공선에 있다면, 법을 제정하는 권한은 공동체 전체에 있어야 할 것이다. 또는 공동체를 대표하는 사람persona publica에게 있을 것이다IaIIae,qu.90,art.3,res. 국가처럼 큰 공동체에서는 공동체 전체가 법 제정에 참여하기는 어렵다. 그래서 공공 인물에게 법 제정을 맡기게 되는데, 아퀴나스 당시에는 공동체를 대표하는 인물이 왕이다. 그래서 왕의 의지는 법을 만든다는 생각이 가능한 것이다. 그래서 아퀴나스의 법 이론에는 공공선의 문제와 함께, 통치 이성 그리고 왕의 의지 문제가 또 다른 핵심 개념으로 등장하게 된다. 그렇게 되면, 법은 "백성을 다스리는 통치자의 이성의 법 외에 다른 것이 아니게 된다"IaIIae,qu.92,art.1,res. 이성과 목적 등의 개념에서는 아퀴나스의 법 이론이 형이상학적 모습을 띠는데, 공공선과 개인의 구속 등의 개념에서는 현실정치의 측면까지 다루게 되는 것이다. 이처럼 아퀴나스의 법 이론은 우주 전체를 아우르는 형이상학적인 측면과 국가에 적용되는 형이하학적인 면을 종합하고 있다.

형이상학적 측면으로 볼 수 있는 것이 그의 영원법 이론이다. 아퀴나스는 법을 세 종류로 나누어, 영원법lex aeterna, eternal law과 자연법lex naturalis, natural law 그리고 인정법lex humana, human law을 말한다. 영원법이란 하느님이 세상을 통치하는 법이고 형이상학적이다. 반면에 인정법이란 인간이 정한 법으로서, 현실적으로 국가에서 사용하는 법 곧 실정법을 가리키니 형이하학적이다. 자연법은 인정법의 근거가 되는 법으로서 형이상학적인 것과 형이하학적인 것을 매개하는 역할을 한다고 할 수 있다. 요즘 용어로는 인정법을 법이라고 하면, 자연법은 도덕규범이라고 할 수 있다. 물론 아퀴나스는 자연법에도 법적인 효과를 주려고 했다. 그것은 덕으로 정치해야 한다는 덕의 정치가 중세 정치이론의 바탕을 이루었기 때문이다.

영원법은 하느님의 법이다. 하느님은 세상만물을 궁극적 선과 행복을 위해 섭리하고 통치하는 분이요, "모든 피조물 하나하나 안에서 발견되는 모든 행위와 운동의 통치자이다"

IaIIae,qu.93,art.1,res. 이런 하느님의 통치 이성ratio gubernandi 또는 하느님의 지혜sapientia divinae는 법의 특성을 가진다. 법은 세상의 행복이라는 목적을 위해 행위를 명령하는 것이기 때문이다. 하느님의 법은 처음과 끝이 없이 영원한 것이므로 영원법이라고 한다. 올바른 이성에 참여하고 있는 한, 인정법을 포함한 모든 법은 영원법에서 나온 것이다IaIIae,qu.93,art.3,res.

아퀴나스는 모든 인간사가 하느님의 영원법의 통치를 받고 있는지 묻는다(질문 93). 하느님의 뜻대로 세상 일이 이루어지는가 하는 문제이다. 이 문제에서 아퀴나스는 그렇다고 말한다. 물론 아퀴나스는 인간의 자연적 선 인식과 자연적 성향이 불완전하다고 본다. "덕에 끌리는 자연적 성향이 악한 습관에 의해서 부패하고, 선에 대한 인식은 감정과 죄의 습관으로 어두워졌다"IaIIa,qu.93,art.6,res. 그러므로 "자연적인 선 인식 위에 신앙의 인식이 보태지고, 선에 끌리는 자연적인 성향 위에 은혜가 내면의 동력으로 보태져야superadditur 한다." 선한 사람은 신앙과 은혜로 선을 행하고 하느님의 영원법에 따른다. 그러나 보통 사람의 정욕은 영원법에 따라 행동하지 않는다. 그렇다면 악행은 하느님의 법의 영역이 아니라고 해야 할 것이다. 그러나 그 경우에도 하느님의 법이 작용하고 있다고 아퀴나스는 본다. 행위actio로 보면 그렇지 않지만, 그 행위로 그가 무엇을 당하는가passio를 살피면 그렇다. 나쁜 행위는 벌을 받는다는 점에서 악한 행위에도 하느님의 정의의 법이 적용되는 것이다IaIIae,qu.93,art.6,ad1. 그뿐만 아니라, 누구도 완전하게 정욕에 사로잡힌 사람은 없으며, 본성의 선함 전체totum bonum naturae가 부패하지는corrumpatur 않았다. 누구에게든 하느님의 법에 따르려고 하는 자연적 경향성이 남아 있다IaIIae,qu.93,art.6,ad2. 그러므로 선행은 물론이고 악행에도 여전히 영원법이 작동하고 있다는 얘기이다.

한편 "자연법이란 영원법이 이성적 피조물 안에 분유되어 있는 것이다"IaIIae,qu.91,art.2,res. 또는 "하느님의 빛이 우리 안에 새겨져 있는 것impressio divini luminis in nobis"IaIIae,qu.91,art.2,res.이다. 하느님의 법이 우리에게 분유되어 있는 것이 자연법이고, 하느님의 통치이성이 우리에게 분유되어 있는 것이 자연이성ratio naturale이다. 그리고 하느님의 의지가 우리에게 분유되어 있는 것이 자연적 욕구inclinatio naturale, appetitus naturalis이다. 이성으로 말하면 인간은 자연이성으로 선과 악을 구분하고,

선을 행하도록 스스로에게 명한다. 선한 행위를 하는 것은 곧 궁극적 행복을 향하는 것이다. 그리고 그쪽으로 향하도록 인간에게는 자연스런 욕구가 있다. 그러므로 아퀴나스에게는 자연이성과 자연법은 한 묶음이고, 자연이성과 자연법에 동력을 제공하는 것이 자연적 욕구이다. 물론 현재 인간의 자연이성과 자연적 욕구는 타락해 있어서 완전하지 않다. 그래서 선을 위해서는 신앙이 필요하고, 하느님의 은총이라고 하는 동력이 필요하다. 그럼에도, 아우구스티누스와 달리 아퀴나스는 선을 이루는 데 있어서 자연이성의 역할을 인정한다. 신앙 없는 일반인의 이성의 능력을 인정한다는 말이다. 아우구스티누스와 달리, 자연이성은 불완전할 뿐, 완전히 타락한 것은 아니라고 보기 때문이다. 인간은 자연법을 통해 하느님의 영원법에 참여한다. 동식물도 하느님의 영원법을 분유받았기 때문에, 자연의 법칙이라는 게 있다. 어떤 면에서 모든 피조물은 우주의 통치자인 하느님의 영원법에 복종하고 있다IaIIae,qu.93,art.4,res. 그러나 자연 사물은 진정한 의미에서 자연법이라는 게 없다. 왜냐하면 그들은 이성이 없이 본능적으로 참여하기 때문이다IaIIae,qu.91,art.2,ad3.

실천이성이 가장 먼저 파악하는 것은 선이다. 그러므로 인간은 선을 목적으로 삼고 행위한다. 그러므로 법의 첫 번째 계명은 "선을 행하고 악을 피하라"는 것이다. 다른 모든 자연법은 이 하나의 법에서 파생된 것이라 할 수 있다 IaIIae,qu.94,art.2,res. 선은 인간의 자연적 욕구의 대상이요, 목적이다. 아퀴나스는 자연적 욕구의 내용에 따라 자연법이 여러 가지가 있다고 본다. 자연적 욕구에는 인간이 동식물과 공유하고 있는 것이 있고, 인간에게만 고유한 것이 있다. 욕구의 세 차원에 따라서 자연법의 세 차원이 있고, 따라서 여러 가지 자연법이 있다IaIIae,qu.94,art.2,res. 첫째, 식물이나 동물이나 모두 자기 보존의 욕구는 자연스러운 것이다. 그러므로 자기 보존의 법칙은 자연법에 속한다. 둘째, 동물과 인간에게 있는 욕구로서, 암수 결합의 욕구, 자식 교육의 욕구가 있다. 두 욕구를 행위로 옮기는 규범과 원리들은 자연법에 해당된다. 첫째와 둘째 차원의 자연적 욕구는 "자연적 공공선bonum communis naturalis"을 향한 것이다IaIIae,qu.94,art.3,ad1. 셋째, 다른 피조물과 달리 인간은 하느님과 관련된 진리를 알고 싶어 한다. 그리고 사회생활을 하고 싶어 한다. 그러므로 무지를 벗거나, 다른 사람에게 해를 끼치지 않는 것 등은 모두 인간의 자연법의 내용을 이룬다. 남에게 해를 끼치지 않으려고 하는 욕구가 바라는 선은 "도덕적 공공선bonum communis moralis"이다. 아퀴나스는 그라티안Gratian을 인용해서 말한다. "자신에게 하고자 하는 대로 남에게 하고, 자신에게 하지 않으려는 것은 남에게도 하지 말라"Iallae,qu.94,art.4,ad1. 이것은 황금률에 대한 설명인데, 황금률은 도덕적 공공선을 위한 자연법의 대원칙이라고 할 수 있다.

따라서 자연법은, 자기 보존, 남녀의 결합, 자녀 양육, 남에게 해를 끼치지 않는 것 등과 관련된 것이다IIallae,qu.57,art.2. 그러므로 아퀴나스에 따르면 자살이나, 동성애, 유아 살해, 살인과 폭력 등은 자연법적으로 악으로 판단되리라는 것을 알 수 있다. 자연법적으로 악이라는 말은 무조건적으로 악이라는 말이다. 자연법은 달리 반박할 수 없도록 자명한 원칙principia per se nota이기 때문이다. 자연법에 어긋나게 제정한 인정법은 무효가 된다.

자연이성, 자연적 욕구, 자연법을 서로 연관된 것으로 보는 것이 아퀴나스의 기본입장이다. 그래서 인간의 자연적 욕구인 자기 보존 욕구나 남녀의 성관계 등이 모두 자연법에 속하는 것으로 본다. 다시 말해 영원한 하느님의 뜻과 법에 따른 것이라는 말이다. 그런 욕구가 완전히 타락해 있다고 보지 않기 때문에, 자기 보존의 욕구도 공공선에 이바지한다고 보는 것이다. 그러나 자기 보존 욕구가 이기심으로 가고, 남녀의 성관계가 불륜을 낳는 것은 어떻게 할 것인가? 이 문제는 결국 자연법의 세 번째 차원, 곧 남에게 해를 끼치지 않아서 남과 더불어 사회생활을 하는 차원과 관련해서 생각된다. 자기보존의 욕구가 공공선에 맞으려면 이기적이면 안 되고, 남녀의 성관계는 불륜이 되면 안 된다. 그래서 자기 절제는 자연법이 된다. 이성적으로 행한다는 것이 이런 자기 절제를 의미할 것이다. 인간은 이성적 존재요, 그러므로 자연적으로 자기 절제에 대한 욕구도 가지고 있다. 그것은 도덕적 공공선의 욕구이다. 그런데 다른 한편으로 보면, 그런 자기 절제의 욕구가 잘못된 습관으로 어느 정도 훼손되어 있기 때문에, 자연법이 올바로 효과를 발휘하고 덕을 이루기 위해서는 신앙과 은총이 요청되는 것이다. 자연이성 그 자체로든, 신앙이 보태어져 이루어지는 것이든, 모든 덕은 자연법의 산물인 것이다. 다시 말해서 하느님이 새겨놓은 계명에 따라 이루어지는 것이다.

자연법은 원칙적으로 변하지 않는다고 봐야 한다. 그러나 '자연법의 부패'에 대해서 아퀴나스는 말한다. 도둑질하는 것은 남을 해치는 것이므로 자연법적으로 악인데, 사람의 본성이 부패해서 어떤 측면에서는 도둑질을 악으로 여기지 않는다. 그런 경우는 자연법이 부패한 것이다. 그러나 자연법의 대원칙은 인간에게서 완전히 지워지지 않는다. 다만 도둑질하면 안 된다는 것처럼, 대원칙에서 나온 이차적 계명들은 나쁜 관습에 의해 무디게 될 수 있다. 아퀴나스는 게르만족들이 옛날에 도둑질을 도둑질로 여기지 않았다고 예를 들고 있다.

마지막으로, 인정법이란 인간이 정한 법이다. 자연법은 인간이 만든 게 아니라 주어진 것이요, 마음 안에 새겨져 있는 것이다. 그래서 무엇이 자연법인지 발견하고 찾아내는 게 중요하다. 그러나 인정법은 공동체 속의 인간이 만들어낸 법이다. 자연법은 보편적인 것이므로, 큰 원칙이다. 그처럼 크고 일반적인 원칙으로 자연법은 영원법에 참여한다.

인간으로 하여금 행복으로 나가도록 어떤 행위를 명령하는 자연법은 인간의 실생활에서는 좀 더 세분화되고 구체화될 필요가 있다. 수많은 상황에 적용하기에 적합한 법을 인간이 만들어내야 한다. 그처럼 인정법은 "인간의 이성으로 고안해서 개별적으로 배치한 것"IaIIae,qu.91,art.3,res.이다. 인정법은 사람이 만든 것이므로 흠이 있을 수 있다. 사변이성은 논증에 의해 명확하고 흠 없는 결론에 도달할 수 있지만, 실천이성은 인정법의 단계로 내려와야 하므로, 구체화 단계에서 보편법에 어긋나는 법을 제정할 수도 있다IaIIae,qu.91,art.3,ad3. 자연법과 달리 인정법은 변하고, 점차 완전한 것으로 발전될 수도 있다. 무엇이 공공선에 유익한지 시간이 지나면서 새롭게 알아가기 때문이다IaIIae,qu.97,art.1,res.

인정법의 목적은 공공선에 있고, 법의 구속력을 그 목적에서 얻는다. 그러므로 그것이 규제하는 악은 시민들의 공공선에 위배되는 것에 국한되어 있다. 다시 말해서 모든 악을 규제하는 것은 아니다. 자연법이 규제하는 악행은 도덕적인 것을 포함해서 매우 폭이 넓지만, 특별히 남을 해롭게 하는 행위를 규제해서 사회질서가 유지되도록 하는 것이 인정법이다. 그래서 살인이나 도둑질 같은 것을 금지하는 것이다IaIIae,qu.96,art.2,res. 물론 아퀴나스는 법이 사람을 선하게 만드는 역할도 한다고 본다. 그러나 선을 명령하기보다는 악을 규제하는 쪽으로 작용하는 것이 인정법이다. 그렇게 해서 간접적으로 시민을 선으로 유도하는 효과를 지닌다IaIIae,qu.96,art.2,ad2. 자연법이 금지하는 행위를 인정법은 금지하지 않는 것이 많다는 점에서, 인정법 속에는 영원법이 미약하게 효력을 미치고 있다고 할 수 있다IaIIae,qu.96,art.2,ad2.

그래도 정의로운 법은 양심을 움직인다. 인간의 양심은 자연법적인 것이고 그래서 영원법에서 생긴 것이다. 정의로운 법은 그런 양심을 구속한다. 무엇이 정의로운 법인가? 첫째 목적이 합당해야 한다. 공공선을 위해 만들지 않고 독재자의 사익을 위해 만든 법은 악법이다. 둘째, 법제정의 권한이 있는 사람이 만든 법이어야 정의롭다. 셋째로 비례적 평등을 따라서 공평하게 시민들에게 부담을 부과한 법이 정의롭다. 정의로운 법은 사람의 양심을 움직인다. 정의롭지 않은 법은 법이라기보다는 폭력 행위이다IaIIae,qu.96,art.4,res. 그런 법은 양심에 구속력을 가질 수 없다.

법의 효과는 어디에 있는가? 아퀴나스는 법의 효과가 사람을 선하게 만드는 데 있다고 본다. 인정법은 사람이 만든 법이지만, 역시 사람을 선하게 만드는 데 기여한다. 아퀴나스는 아리스토텔레스를 따라, 국가의 법이 국민을 선하게 만들어야 한다고 본다IaIIae,qu.92,art.1,res. 원칙적으로 법은 이성에 근거한 것으로서, 참된 행복으로 인도하는 것이다. 그러므로 국민은 그 법에 복종해야 하는데, 그렇게 함으로써 국민은 이성에 맞는 욕구를 가지고 선하게 된다. 오늘날에는 법이란 물질을 놓고 벌어지는 권리의 충돌을 조절하는 것이지, 국민을 선하게 만드는 교육자의 지위를 갖지 않는다. 그러나 중세의 아퀴나스는 고대 인문주의자들의 정치철학을 따라, 국가의 법과 정치도 국민을 도덕적으로 향상시키는 일을 감당해야 한다고 본다. 법을 어겼을 때 받을 벌에 대한 두려움도 인간을 선하게 만드는 데 이바지한다IaIIae,qu.92,art.1,ad1.

법을 이성적인 것으로 보고, 통치 이성의 구현이라고 볼 때, 독재자의 법은 어떻게 평가해야 하는가? 공공선을 생각하지 않는 통치자의 법은 이성적이지도 않다. 그런 경우엔

법이라기보다는 법의 왜곡perversitas legis이다IaIIae,qu.92,art.1,ad2. 명령의 형태로는 법이지만 껍데기만 남은 법일 수 있다. 아퀴나스는 그런 법을 사악한 법lex iniquia이요, 그 바탕ratio으로 보면 법lex이 아니라 폭력violentia이라고까지 말한다IaIIae,qu.93,art.3,ad2. 그렇지만, 법을 만들 권한이 있는 통치자가 만들어서 법의 모양similitudo legis을 하고 있는 한, 그런 법도 영원법에 근거를 두고 있다고 말한다IaIIae,qu.93,art.3,ad2. 한편으로는 악법은 법의 왜곡이라고 함으로써 실정법에 대한 비판의 근거를 마련하면서, 다른 한편으로는 그런 법도 하느님의 법에서 나온 것이라고 함으로써, 악법도 따라야 한다고 말하는 것이다. 그 근거는 "모든 권세는 하느님께로부터 왔으며 하느님이 세우신 것"이라는 로마서 13장 1절의 말씀을 든다. 이런 태도는 법질서가 무너졌을 때 초래되는 무질서를 가장 두려워했던 중세의 사고방식을 보여준다.

아퀴나스가 말하는 자연법이 어떤 의미를 가지는지를 더 분명하게 이해하기 위해서는 정의라는 덕목을 다루는 2부의 2의 질문 57부터 79까지를 봐야 한다. 정의 문제는 법의 문제와 밀접하게 연관된다. 정의란 옳음jus 또는 올바른 것justum을 가리킨다. 그런데, 법은 다름 아닌 올바른 행위를 명령하는 것이다. 그런 면에서 법lex은 정의의 표현이다Iallae,qu.90,art.1,ad2. 옳은 것은 개인의 자기 관리와 관련된 행위도 있지만, 정의justitia라고 할 때는, 타자와의 관계에서 옳은 행위를 가리킨다. 그것은 상호적인 동등성이다. 빌려온 만큼 돌려주는 경우가 그 대표적인 예이다IIallae,qu.57,art.1,res. 법은 그런 정의를 글로 제도화하는 것이라고 할 수 있다. 그래서 법을 가리켜 렉스lex 대신에, 옳다는 뜻의 단어 유스jus를 쓰기도 한다.

자연적 정의를 규정하는 것은 자연법jus naturale이다. 그리고 인간의 합의에 의해 규정한 법을 실정법jus positum이라고 한다. 인정법lex humana은 인간의 법이라는 뜻으로 사용한 것이고, 실정법은 제정되어 국가에서 쓰이는 법을 가리키는 것이다. 받은 만큼 돌려주는 것은 자연적 동등성natural equality으로서, 자연법을 이룬다. 도둑질과 간음은 보통 실정법으로 금지되어 있지만, 자연법적으로도 악이다.

그런데, 도둑질이 악이 아닌 경우가 있다. 아퀴나스는 도덕의 문제를 끌어들여서 법적으로 악이 아닌 도둑질이 있음을 논증한다. 아퀴나스가 말하는 영원법과 자연법 그리고 인정법에는 우열이 있다. 영원법이 가장 높고, 그다음에 자연법이고, 마지막에 인정법이 있다. 그러므로 인정법이 자연법을 어기면 안 되고, 자연법에 의해 인정법의 효력을 정지시킬 수도 있다. 이런 문제를 도둑질에 관련시켜 보도록 하자.

도둑질이란 남의 소유를 허락 없이 훔치는 것이다. 실정법에서는 어디 나라나 남의 소유를 훔치는 것을 죄로 규정하고 처벌한다. 그러나 남의 소유란 무엇인가? 어떤 사람의 재물을 그 사람의 것이라고 할 수 있는 근거가 무엇인가? 이것이 아퀴나스의 문제의식의 출발이다. 아퀴나스가 그런 문제의식을 갖게 된 것은, 모든 것은 하느님의 것이라는 그리스도교 신앙 때문이다. 만물의 주인은 하느님이라고 하는 게 그리스도교의 신앙고백인데, 그런 신앙의 빛에서 볼 때 현실에서 이루어지고 있는 개인소유를 어떻게 받아들여야 하는가? 사물의 주인에 대한 신앙고백과 인간사회의 현실과의 종합이, 소유에 대한 아퀴나스의 자연법 이론이라고 할 수 있다. 한편으로는 사유재산 곧 개인소유를 인정한다. 그런데, 그 인정의 근거를 영원법과 자연법에서 끌어온다.

현실에서 이루어지고 있는 개인소유를 당연한 것으로 받아들이지 않고, 어떻게 개인소유가 인정되는지를 자연법으로 정당화한다. 그런 정당화의 논리 가운데 개인소유에 대한 비판이 같이 들어 있다. 그것이 아퀴나스의 종합이다. 인간 현실에서 관습화된 제도들을 인정하되 신학적으로 인정한다. 신학적으로 인정하는 논리 속에는, 처음부터 당연히 어떤 사물이 어떤 사람의 것인 것은 아니라는 비판이 들어 있다. 아퀴나스의 논리 전개를 보자. 먼저 사물에 대한 인간의 지배에 대해 논하고, 이어서 어떤 사물에 대한 어떤 인간의 지배가 어떻게 정당화되는지를 논한다.

아퀴나스는 2부의 2, 질문 66에서 이렇게 말한다. "외부 사물res exterior은 그 본성으로 보면ad ejus naturam 인간의 권능potestas humanae에 속하지 않고 신의 권능에 속한다. 만물은 그의 힘과 명령에 복종하게 되어 있다. 그런데 사물의 사용으로 보면ad usum ipsius rei, 인간은 외부 사물에 대해 자연스런 지배dominum naturale를 지닌다. 그의 이성과 의지로 인간은, 마치 사물이 인간을 위해 창조된 것처럼, 자기 이득을 위해ad suam utilitatem 외부사물을 이용할uti 수 있다. 언제나 불완전한 것은 완전한 것을 위해서 존재하기 마련이다"IIaIIae,qu.66,art.1,res. 여기서 아퀴나스는 사물에 대한 인간의 지배를 인정한다. 자연사물은 불완전하고 인간은 그보다 완전한 것이므로, 인간이 목적이 되고 사물은 인간을 위한 수단이라고 본다. 마치 사물이 인간을 위해 창조된 것처럼 생각해도 좋다는 얘기이다. 자연적 지배권을 인정하는 면에서 인간은 사물의 주인이라고 할 수 있다. 그러나 그것은 사물의 본성에 따른 것이 아니고, 사물의 사용으로 볼 때만 그렇다. 본래는 사물의 주인이 인간이 아니라 하느님이라는 말이다. 그래서 이렇게 말한다. "부자가 처음부터principaliter, principally 외부사물이 자기에게 속한 것으로 생각한다면 그는 비난받아 마땅하다. 그는 그 사물을 다른 분 곧 하느님으로부터 받은 것이다" IIaIIae,qu.66,art.1,ad2. 그리고 인간이 사물에 대한 지배권을 가지는 것은, 그 사용을 위해서이다. 이처럼 사용에 있어서만 인간의 지배를 인정한다는 측면에서 근대 이후 강화된 소유권 개념과 차이가 있다.

그렇다면 어떤 사람이 어떤 것을 자기 것으로 소유하는 것alicui rem aliquam quasi propriam possidere은 어떻게 정당화되는가?

첫 단계에서 사물에 대한 인간의 지배권을 인정한 것은, 자연사물과 인간이라는 종의 관계를 말한 것이다. 사물은 인간에게 봉사해야 한다는 일반원칙을 얘기한 것이다. 그것이 개인 소유권의 출발이요, 근거가 되지만, 개인소유를 정당화하는 충분한 논리는 아니다. 사물이 그 사용에 있어서 사람에게 속한다는 것은 자연법이다. 그러나 어떤 사물이 특정한 어떤 사람의 소유가 됨을 규정하는 것은 인정법의 문제이다. 아퀴나스는 그런 개인소유를 인정한다. 개인소유를 규정한 실정법은 자연법의 위반이 아니다. 사물의 "획득과 처분 능력에 있어서potestas procurandi et dispensandi" 개인소유를 인정해야 한다IIaIIae,qu.66,art.2,res. 개인이 무엇을 취득해서 자기 것으로 만들고 그것을 처분할 수 있는 권한이 있다는 말이다. 그러나 개인소유는 사물의 본성에 따라서 처음부터 당연히 그렇게 되는 것은 아니다. 자연법 차원에서 볼 때, 사물은 사람에게 사용되어야 한다는 규정이 있다. 그렇다면 개인이 취득한 소유물도 그가 처분하기 전까지 그의 수중에 있는 한, 그 사용에 있어서는ad usum ipsorum 자기 것이 아니라 공통의 것non res exteriores proprias, sed communes이라고 해야 한다

IIaIIae,qu.66,art.2,res. 사물은 사용에 관한 한 개인 소유가 아니라 공유라는 것이다. 아퀴나스가 공유를 말한다고 해서, 공동체 전체의 합의에 의해서 사물을 취득하고 처분해야 된다는 것은 아니다. 다만 사용을 다른 사람과 같이 할 수 있다는 말이다.

사물이 그 사용에 있어서는 개인소유가 아니라 공유라는 말은 무슨 뜻인가? 그 사물을 필요로 하는 다른 사람과 나눌 준비를 하고 있어야 한다는 말이다IIaIIae,qu.66,art.2,res. 결국 가난한 사람을 구제할 수 있는 법적인 근거를 자연법 사상으로 마련하고 있는 것이다. 사용의 차원에서 보면 사물은 사람에게 속했고, 아직 어떤 사물을 누구 것이라고 규정하지 않는다. 인정법보다 자연법이 앞선 것이므로, 사물은 원래 공유라고 할 수 있다IIaIIae,qu.66,art.2,ad2. 사물은 본래 하느님의 것이라고 하면 영원법이고, 사물은 원래 모든 사람의 것이라고 하면 자연법이다. 그다음 단계에서 개인의 소유를 확정하는 것은 인간의 동의에 의해서 이루어지는 일이다 IIaIIae,qu.66,art.2,ad1. 그것은 인정법이고 실정법인 것이다. 자연법이 인정법보다 상위인 것을 생각하면, 개인 소유로 확보된 것이라 할지라도, 그 사용은 남과 더불어 해야 하는 것이다. 이것은 개인소유를 아무나 같이 사용해도 된다는 말이 아니다. 가난한 자의 구제가 이 논의의 핵심이라고 할 수 있다.

아퀴나스는 이렇게 말한다. "어떤 사람이 즉각적인 위험에 처해서 다른 도움을 구할 수 없다면, 그 사람은 공개적으로든 비밀리로든 다른 사람의 재산을 취해 필요를 채워도 불법이 아니다. 제대로 말하자면, 그것은 도둑이나 강도가 아니다"IIaIIae,qu.66,art.7,res. 즉각적인 위험이란 가난한 사람의 긴급한 필요를 뜻한다. 그럴 때 부자의 것을 가져와도 도둑질이 아니라는 것이다. 어떻게 이런 논리가 가능한가? 자연법에 따르면 사용에 있어서 만물은 공유이다. 이것은 사물은 그보다 완전한 사람에게 봉사해야 한다는 원칙에 따른 것이다. 그렇다면 부자의 소유 중에서 사용하고 남은 사물은 제 역할을 하지 못하고 있는 셈이다. 그 사물은 가난한 사람에게 사용되는 것이 자연법적인 체계에 맞다. 한쪽에는 남아도는 재물이 있고, 다른 쪽에는 먹을 게 없는 사태의 경우에, 부자의 재물은 공유가 되고, 그것을 가난한 사람이 가져가는 것은 남의 것을 가져가는 것이 아니다. 넉넉히 가진 사람의 그 넉넉한 물질은 가난한 사람의 구제를 위해서 있는 것이다. 그것이 자연법이다IIaIIae,qu.66,art.7,res. 결국 "필요need, necessity가 모든 사물을 공유로 만든다"IIaIIae,qu.66,art.7,sed. 생존의 필요, 바로 그것이 남의 것을 그 사람의 것으로 만든다IIaIIae,qu.66,art.7,ad2.

4. 죄와 은총

아퀴나스는 아우구스티누스 전통을 따라서 원죄를 말한다. 원죄는 한 사람이 자발적인 잘못을 짓기 이전에 그 품성이 부패해 있는 상태를 가리킨다. 인간 본성의 부패라고 할 수 있다. 한 사람의 잘못이기보다는 사람이라는 종의 잘못이다. 그래서 원죄라고 한다. 원죄를 얘기함으로써 그리스도교는 인문주의와 길을 달리한다. 인문주의가 인간 본성에 희망을 갖는 데 반해서, 원죄를 말하는 그리스도교는 인간 대신에 하느님에 대해 희망을 갖는 형식을 취하게 된다. 원죄의 문제는 말하자면 인문주의와 그리스도교의 인간관의 차이라고 할 수 있는데, 그만큼 그리스도교는 인간의 부패를 심각하게 본다고 할 수 있다. 원죄 때문에 사람은 하느님의 특별한 은총 없이는 선을 알 수도 없고 행할 수도 없다.

물론 이 문제에서 아퀴나스와 아우구스티누스의 생각은 조금 다르다. 아퀴나스는 하느님의 특별한 은총이 없어도 일반적인 진리를 자연이성으로 알 수 있다고 본다. 그리고 선이 무언지 알 수 있으며 일반적인 선을 행할 수 있다고 본다. 원죄에도 불구하고 인간의 본성이 완전히 타락한 것은 아니라고 보는 것이다. 일반이성과 은총에 의한 이성은 불완전성과 완전성의 차이가 있을 뿐, 완전 무지와 지의 차이, 악과 선의 차이를 만드는 것은 아니라고 본다. 반면에 아우구스티누스 전통이 강조하는 것은 인간의 전적인 타락으로 인한 세상의 죄이다. 가톨릭의 종합 신학과 개신교의 비판 신학의 차이가 생기는 부분도 여기에 있다. 이방인과 자연인에게 어느 정도의 인식 능력을 인정할 것인지, 그리고 인류의 문화에 대해 어떤 태도를 취할 것인지 하는 것 등이 죄의 상태에 대한 견해의 차이와 관련이 있다.

아퀴나스는 아우구스티누스를 따라서 원죄란 습관habitus이라고 본다. 습관이란 말은, 어떤 한 개인의 행위의 습관을 가리키는 게 아니라, 모든 인간의 속마음을 가리키는 언어이다. 인간이 마음을 잘못 먹는 일을 반복해서 인간 본성에 잘못된 습관이 생겼다는 말이다. 인간이 죄 있는 상태에서 창조되지는 않았으나, 자유의지의 남용으로 본성이 습관적으로 악을 향한다는 말이다. 그러므로 습관이라는 말을 쓸 때에 그리스도교 신학은, 한편으로는 인간이 처음부터 악하게 만들어진 존재는 아니라는 점을 말하고자 하는 것이다. 인간이 죄를 짓는 것은 잘못된 습관 때문에 그런 것이지, 본성이 그런 것은 아니라는 얘기이다. 그러나 다른 한편으로 보면, 습관이란 말이 단지 개별 행동에 적용되는 말이 아니라, 인간 본성에 적용된다. 그래서 인간의 욕망과 마음 씀씀이 자체가 잘못된 습관에 물들어 있다는 점을 말하려는 것이다.

습관이란 본성의 습관이기 때문에, 모든 욕구의 방향을 결정짓고, 모든 의지의 방향을 결정짓는다. 그것을 기질dispositio이라고 한다. 원죄는 "조화를 이루었던 원 정의가 깨지면서 생긴 무질서한 기질"이다. 이렇게 아퀴나스는 세상이 창조되었을 때의 바른 상태인 원 정의justitia originalis와 첫 인간이 초래한 원죄peccatum originale를 대비시킨다. 그 기질은 거의 본성으로 변화된 기질dispositio versa fuerit quasi in naturam. Iallae,qu.82,art.82,res.이다. 방향을 못 잡고 헤매는 무질서한 기질이 '거의quasi' 본성으로 변했다는 것은, 인간 본성이 죄에 취해 있다는 말이다. 그러나 '거의'라는 말을 쓴 것은 아퀴나스의 신학의 특징을 보여준 것이다. 인간 본성이 완전히 부패corruptela tota한 것은 아니라는 점을 암시하고 있다.

원죄는 행위의 무질서inordinatio actus가 아니라 본성의 기질의 무질서inordinata dispositio ipsius naturae. Iallae,qu.82,art.82,ad2이다. 원죄는 행위의 죄peccatum actus를 가리키는 것이 아니라, 본성의 죄peccatum naturae이다. 아우구스티누스를 따라 아퀴나스는 인간이 그런 죄의 기질을 첫 부모에게서 물려받았다고 본다 Iallae,qu.82,art.82,ad2. 그렇다면 죄의 기질은 우리와 무관하게 외부로부터 우리에게 주어진 것이 아닌가? 그렇게 되면 현재의 인간은 자신의 죄의 성향에 대해서 책임이 없어질 것이다. 그래서 아퀴나스는 원죄가 우리에게 주입되었다habitus infusus고 보면 안 된다고 말한다. 원죄는 외부에서 주입된 것도 아니고, 우리 행위에 의해 획득된acquisitus 것도 아니고, 뿌리의 잘못에 의해 타고나는innatus per vitium originem 것이다.

그러므로 인류의 첫 조상은 죄를 타고나지 않았다. 그러나 현재의 인간은 죄의 기질을 타고난다. 죄의 기질은 우리가 행한 행위가 습관화된 것이 아니라 타고나는 것이다. 그래서 인간의 본성이 죄의 성향을 갖고 있다고 말한 것이다. 그렇다면 첫 조상과 현재 인간 사이에는 어떤 일이 있었나? 유전이다. 첫 조상에게서 획득된acquisitus 것이 유전되어, 우리는 죄의 성향을 타고나는 것이다.

그렇다면 죄의 성향은 외부에서 주입된 것으로 보아야 하지 않는가? 여기에 원죄론의 어려움이 있다. 만일 외부에서 주입된 것이라면, 원죄에 대해서 우리의 책임이 없어지고, 우리는 우리의 악에 대해 근본적으로 조상 탓을 할 수밖에 없다. 그러나 원죄가 외부에서 주입된 것이 아니라고 할 때, 아퀴나스는 원죄에 대해 조상 탓을 할 수 없고 우리도 책임이 있음을 말하는 것이라고 볼 수 있다. 하느님의 뜻을 거스른 아담의 얘기는 옛 얘기이도 하지만, 우리 자신의 얘기이기도 한 것이다. 그래서 아퀴나스는 이렇게 말한다. "모든 사람은 우리 뿌리의 잘못의 첫 시작에 대해 동일한 관계를 갖는다"Iallae,qu.82,art.4,res. 첫 조상과 우리 사이에 수많은 세대를 통한 유전이 있었겠지만, 죄의 첫 조상은 다름 아닌 우리 자신이다. 죄의 문제에 대해서는 그렇게 생각해야 한다는 말이다. 그렇게 보면 유전설이 중요한 것은 아니다. 원죄론은 사람들이 현재 짓고 있는 모든 죄의 뿌리가 있으며, 그 뿌리를 치유해야 한다는 점을 말하고 있다. 동시에, 그 썩은 뿌리가 한 개인의 잘못이 아니지만 개인이 또 그 책임을 면할 수 있는 것도 아님을 말하려는 것이다. 그 썩은 뿌리를 기원origo이란 말로 표현하면서, 인류의 조상 아담으로 거슬러 올라가 유비적으로 표현한 것이다. 나중에 칸트는 원죄를 시간상의 얘기로 보면 안 된다고 하고, 근본악radical evil이란 말로 대체함으로써 현대적인 해석을 열었다.

원죄peccatum originale는 원 정의의 결핍privatio originalis iustitiae이라고 했는데, 원 정의란 "인간의 마음이 하느님께 복종하는 것subiectio humanae mentis ad Deum" Iallae,qu.82,art.2,res.이다. 또는 사람의 의지가 하느님께 순종하는 것voluntas subdebatur Deo. Iallae,qu.82,art.3,res.이다. 원 정의를 박탈해버린 원죄는 정욕이라는 말로 표현할 수도 있다. 정욕concupiscentia이란 "무질서하게

가변적인 선으로 향하는 것"이다. 하느님께 복종할 때에는 가변적인 선에 끌리는 것에도 질서가 있다. 그러나, 하느님에 대한 복종을 어기는 순간 인간의 욕망은 무질서해지며, 좋아하는 것에 마구잡이로 이끌린다. 그처럼 잘못 끌리는 모든 감정을 합해서 정욕이라고 한다. 정욕은 분노나 다른 모든 감정보다 근원적이고, 그 모든 감정을 포함하는 감정이다Iallae,qu.82,art.3,ad2. 그러므로 원죄는 형식적으로는 하느님에 대한 의지의 불순종이라고 할 수 있고, 내용적으로는 인간 속의 정욕 또는 탐심이라고 할 수 있다.

덕으로 이끌리는 자연적 성향inclinatio naturalis ad virtutem은 원죄로 말미암아 감소되었지만, 그러나 사라지지는 않았다. 사라진 것은 태초의 완전한 상태이다. 아퀴나스는 "죄를 지을 수 없는non posse peccare" 상태가 아담과 이브가 처음 창조된 상태라고 본다Iallae,qu.109,art.4,res. 그때에는 이성이 영혼을 완벽히 통치하고, 하느님에게 완전히 복종했던 원 정의의 상태이다. 그러나 이제 그러한 선물은 사라졌다Iallae,qu.85,art.3,res. 원 정의를 까먹는 측면을 보면 인간의 본성은 선하다고 할 수 없다. 그러나 인간은 여전히 본성적으로a natura 덕에 이끌린다IaIIae,qu.85,art.1,res. 덕은 도덕적 선인데, 그것은 이성적 즐거움을 가져오는 것이요, 감각적 쾌락에 끌리는 마음을 극복해야 한다. 인간은 그리하고 싶어 한다. 도덕적으로 좋은 것을 좋아하는 마음을 가지고 있다. 물론 인간은 저절로 감각적 쾌락에 끌린다고 할 수도 있는데, 아퀴나스는 인간이 그 본성의 타락에도 불구하고 여전히 저절로 덕이라고 하는 선에 이끌린다고 본다. 그런 면에서, 원죄에도 불구하고 인간의 본성은 선하다는 명제가 아퀴나스에게서는 유지된다. 그러나 그 선한 본성은 원죄로 말미암아 감소했다. 그래서 지금도 선한 본성이 감소된 채로 있는 것이다. 선한 본성의 감소란 자연적으로 덕에 끌리는 힘이 감소되는 것이다 IaIIae,qu.85,art.2,res. 끌림inclinatio이 있고, 그다음에 의지의 작용이 있다. 본성을 말할 때는 그런 의지의 운동 이전의 끌림을 가리키는 것이고, 의지의 운동을 이끌어내는 끌림을 가리킨다 IaIIae,qu.85,art.1,ad2. 만일 선에 이끌리는 힘이 강하다면 의지의 운동도 쉬울 것이다. 그러나 그 힘이 약하다면 의지는 많은 힘을 기울여야 도덕적 선을 행할 수 있을 것이다.

원죄로 인해 선한 본성이 상처를 입어 감소되었고, 지금도 "죄로 인해 지속적으로 감소된다continue diminui per peccatum" Iallae,qu.85,art.2,res. 또한 Iallae,qu.85,art.3,res. 그렇게 되면, 인간의 이성은 죄로 인해 흐릿해지는데, 특별히 실천적 행위에 있어서 그렇고, 의지는 굳어져서 선을 행하기가 더 어려워지며, 잘 행하기가 어려워지고, 정욕은 더 충동적이 된다 Iallae,qu.85,art.3,res. 그리고 인간의 죽음과 신체의 결함도 죄로 인한 것이다. 최초 인간이 죄짓기 이전에는, 영혼의 모든 능력이 이성에 복종하고, 신체의 각 부위는 영혼에 복종하는 원 정의가 있었는데, 그런 원 정의가 죄로 사라지면서, 죽음과 신체적 결함도 생겼다는 것이다. 다시 말해서 영혼이 이성에 복종하지 않고 신체가 영혼에 복종하지 않는 무질서와 혼란을 죽음의 원인으로 보는 것이다Iallae,qu.85,art.5,res. 따라서 아퀴나스는, 본래 인간은 죽지 않을 수도 있었다posse non mori는 아우구스티누스의 생각을 따르는 셈이다.

그러나 선한 본성이 감소된다고 함으로써, 아퀴나스는 원죄로 인해 선한 본성이 완전히 사라졌다는 것을 부인하고 있다. 앞으로도 "선한 본성이 전적으로 파괴될 수는 없다" Iallae,qu.85,art.2,res. 아무리 악한 사람도 양심의 가책을 느낀다는 점에서, 아퀴나스는 모든 인간에게 선한 본성이 남아 있다고 본다IaIIae,qu.85,art.2,ad3. 본성의 상처vulnera naturae는 있지만, 본성의 상실은 없다. 아우구스티누스가 말한 인간의 전적인 타락과는 다르다. 만일 아우구스티누스처럼 말한다면, 인간은 도덕적 선을 좋아하는 성향을 완전히 잃었다. 악을 좋아할 뿐이다. 살아도 죽은 것 같은 상태로 계속 있을 것인가 아니면 믿음으로 생명을 얻을 것인가. 양자택일이 있을 뿐이다. 인간은 구원과 멸망의 갈림길에 처해 있다. 그러나 아퀴나스에 따르면 미약하게나마 여전히 인간은 도덕적 선 곧 공공선이나 하느님을 좋아할 줄 안다. 물론 선한 본성이 감소되고 있다는 점을 고려하면, 신앙적 결단이 중요하기는 하다. 그러나 선한 본성이 사라진 것은 아니라고 함으로써, 비 신앙적이고 일반적인 인간의 삶의 행태를 수용하고 긍정할 여지가 아퀴나스에게 훨씬 많은 셈이다.

원죄 때문에 인간은 죄의 성향을 안고 산다. 그리고 선을 향한 본성은 매우 약화된 상태에 있다. 그러므로 제대로 선을 행하는 일에는 특별히 하느님의 도움이 필요하다. 진리 인식의 차원에서보다는 선을 행하는 차원에서 하느님의 은총이 요구된다. 물론 하느님의 도움은 우리의 존재에서부터 나타난다. 우리의 존재와 우리의 행함이 모두 하느님의 의지와 섭리와 인도하심에 따른 것이다. 그것을 하느님의 은총이라고 하면, 모든 것이 은총이다. 인간의 선한 본성이라는 것 자체가 하느님의 은총이라고 할 수 있다. 그러나 인간이 타락한 상태에 처해서 새로이 필요하게 된 하느님의 은총이 있다. 그것은 신앙을 따라 주어지는 특별한 은총이다. 물론 타락한 상태에서도 선한 본성이 감소된 것이지 완전히 파괴되지는 않았다. 그러므로 일반적인 선은 특별한 은총 없이도 이룰 수 있다. 그러나 높은 선은 하느님의 특별한 도우심이 필요하고, 따라서 계시와 은총에 의해 인간은 선을 행하게 되는 것이다.

그렇게 보면, 두 차원을 나누어 생각할 수 있다. 첫째는 신앙이 없이 일반적인 이성으로 알고 행하는 차원이다. 이때에도 하느님의 도우심이 없이 이루어지는 일은 없다. 그러나 현재의 인간은 죄로 말미암아 선한 본성이 감소하고, 이성의 힘이 약화된 상태이므로, 이 상태에서는 알고 행하는 것이 제한되어 있다. 특별히 도덕적 실천의 문제에서 그렇다. 둘째, 신앙을 통해 특별한 은총을 얻는 경우이다. 이때에는 영원한 진리에 대한 것과 하느님에 대한 것을 알고, 영원한 행복을 향해 의지를 움직이게 된다.

아퀴나스는 은총을 설명하는 부분에서, 먼저 진리 인식의 문제를 다룬다. 지성의 활동도 제1행위자인 하느님에 의해 이루어진다. 그러므로 지성으로 진리를 아는 것도 하느님의 도움으로 이루어지는 것이다IaIIae,qu.109,art.1,res. 인간에게 있는 지성의 빛lumen intellectuale이라는 것도 하느님이 우리의 영혼 속에서 비추는, 하느님의 조명illustratio Dei이다IaIIae,qu.109,art.1,ad2. 그런 점에서 인간의 모든 앎에는 하느님의 도움divinum auxilium이 작용한다IaIIae,qu.109,art.1,ad3. 감각을 통해서 알 수 있는 자연적 지식은 그처럼 인간에게 본래 주어져 있는 지성으로 가능하다. 그 말은, 하느님의 특별한 은총이 없어도, 누구에게나 본래 주어진 자연적 조명illustratio naturalis으로 자연적 지식cognitio naturalis을 파악할 수 있다는 말이다. 물론 자연적 조명이라는 것도, 하느님이 비추시는 것으로서, 하느님의 은총이라고 할 수 있다. 그러나 그 단계를 가리켜서는 은총이라는 말을 쓰지 않는다. 물론 아퀴나스에게는 자연 상태도 은총이라고 할 수 있고, 그래서 그 상태에서도 아퀴나스는 인식과 실천의 가능성을 인정한다. 그럼에도 감각적 지식sensibilia을 뛰어넘어 인생의 진리나 참인간이 되는 문제와 관련해서는 자연 상태의 영혼의 능력으로 되지 않는다. 앞에서 보았듯이 현재 자연 상태의 인간 영혼은 그 능력이 감소되어 있기 때문이다. 그런 점에서 자연과 은총이 구분된다. 그래서 이렇게 말할 수 있다. 자연이성ratio naturalis으로 알 수 있는 것들을 넘어 보다 높은 예지적인 것intelligibilia을 알려면 은총이 필요하다. 자연적 지성의 빛보다 더 강력한 빛lumen fortior, 즉 신앙의 빛lumen fidei 또는 은총의 빛lumen gratiae이 필요하다Iallae,qu.109,art.1,res.

선을 행하는 문제도 마찬가지다. 아퀴나스는 인간이 하느님의 특별한 은총 없이도 선을 바라고 행할 수 있다고 본다. 그렇다면 아퀴나스가 말하는 선이란 무엇인가? 예를 들어 거처를 만들고 포도를 심는 것 같은 행위를 가리킨다Iallae,qu.109,art.2,res. 이런 행위는 공공선이나 참인간 같은 도덕적 목적의 행위와는 무관한 일상적 생활을 가리킨다. 이것을 선으로 보는 것은, 인간의 자기 보존을 위한 욕망을 타락한 것으로 보지 않고 자연스런 것으로 보는 시각을 아퀴나스가 갖고 있기 때문이다. 자기 보존은 자연스러운naturalis 행위요, 자연적 선bonum naturale인데 그건 인간의 선한 본성natura에서 나온 것이다. 인간의 본성은 타락했지만 완전히 부패하지는 않았기 때문에, 미약하게나마 그런 선을 행하는 것이다. 결국 아퀴나스는 개인의 자기 보존의 행위가 그 의도와 무관하게 결과적으로 공공선에도 이바지한다고 보는 것 같다. 물론 그런 행위 역시 제1운동자인 하느님의 도우심이다. 선을 행하는 것뿐만 아니라 선을 바라는 것도 하느님의 인도하심에 따른 것이기 때문이다. "자유의지도 인간의 마음 위에 있는 어떤 외적인 원리, 즉 하느님에 의해 움직인다"Iallae,qu.109,art.2,res. 피조물은 스스로는 선에 미치지 못하고, 하느님의 도움 없이는 어떤 진리도 알 수 없다. 죄로 말미암아 약화된 인간의 의지로는 더욱 그렇다Iallae,qu.109,art.2,ad1. 인간을 포함한 모든 피조물은 자연 상태에서 특별히 도덕적인 것이 아니더라도 자신의 고유한 선을 행하는데, 그것은 "우주 전체의 공동선, 즉 하느님 때문에" 하고 있는 것이다.

그러나 자연적 선은 인간의 자연적 능력virtus natutralis으로 이룰 수 있으며, 특별한 은총으로 이루어지는 것이라고 하지 않는다. 은총이란 인간의 자연적 능력 위에 더해진 초자연적 선물이다. "초자연적 선을 원하고 행하기 위해서 인간은 당연히 본성적 힘에 추가된 은총의 힘을 필요로 한다" Iallae,qu.109,art.2,res. 타락한 상태에서는 물론이고 타락하기 이전의 자연상태in statu naturae 곧 온전한 상태in statu integrae에서도 초자연적 선은 추가된 은총을 필요로 한다. 현재의 인간 즉 타락한 상태에 있는 인간은 부패한 본성이 먼저 치유되어야sanetur 하고, 그런 치유를 위해서도 은총이 필요하다 Iallae,qu.109,art.2,res. 그러나 물론 신앙으로 치유되지 않은 상태에서도 인간은 자연이성으로 어느 정도 선을 행한다고 보아야 한다. 그 경우에도 물론 하느님의 도우심은 있는 것이고, 그래서 행위의 주인dominum sui actus이 하느님이면서 동시에 인간이 된다Iallae,qu.109,art.2,ad1. 그처럼 본성의 능력으로 선을 행할 수 있지만, 그 본성이 부패했기 때문에 선을 행하는데 방해를 받고 있다Iallae,qu.109,art.2,ad2. 그러므로 현재의 인간은 그 본성이 먼저 치유하는 은총gratia sanante. Iallae,qu.109,art.4,res.의 힘으로 치유되어야 하고, 그다음에 초자연적 선을 원하고 행할 수 있다.

인간 본성의 타락이란 사랑을 잘못하는 것이라고도 할 수 있다. 아우구스티누스를 따라 아퀴나스는 사랑의 질서를 생각하는 것 같다. 사물보다 사람을 더 사랑하고, 사람보다도 하느님을 더 사랑하는 것이, 사랑의 질서이다. 원래 인간은 "우주 전체의 공동선bonum commune totius universi"인 하느님을 가장 사랑하도록 만들어졌다. 타락하기 이전의 상태에서는, 위로부터 추가로 주어지는 추가된 은총absque superadditione gratuiti doni이 없이도 하느님을 사랑하는 것이 본성적인 것이요, 자기에게 자연스러운connaturale 일이었다. 하느님이 다른 모든 사랑의 목적이 된다. 그러나 지금 타락한 본성의 상태에서 인간은 "이성적 의지의 욕구에 있어서 그에 미치지 못한다"Iallae,qu.109,art.3,res. 지금은 자기에게만 좋은 것bonum privatum. Iallae,qu.109,art.3,res.에 끌린다. 그것은 현재의 자연적 선이다. 하느님을 목적으로 사랑하는 것이 자연스럽게 되지 않게 된 것이다.

물론 인간의 본성은 완전히 타락한 것은 아니므로, 모든 피조물에게는 하느님에 대한 자연적인 사랑이 남아 있다고 해야 할 것이다. 그러나 그렇게 말할 때의 사랑은 욕구이다. 자기도 모르게 하느님에게 봉사하는 것이다. 그러나 아퀴나스가 욕구가 아니라 사랑caritas이라고 할 때, 그것은 하느님을 행복의 대상objectum beatitudinis으로 사랑하는 것이요, 하느님과 영적으로 교제하는 것societas spiritualis을 의미한다 IaIIae,qu.109,art.3,res. 하느님을 행복의 대상으로 사랑한다는 것은 의지적 사랑을 가리킨다. 본능적 사랑이 아니라 의지적 사랑인 것이다. 그것은 자연보다 더 높은 방식으로 하느님을 사랑하는 것이다IaIIae,qu.109,art.3,ad1. 그러므로 만일 인간이 타락한 상태에서 의지가 그런 사랑에 미치지 못한다면, 하느님의 특별한 도움과 은총이 필요하게 될 것이다. 더구나 율법을 행할 뿐 아니라 그 행위하는 양태modus agendi가 사랑으로ex caritate 행위하려면, 하느님의 은총이 없이는 불가능하다IaIIae,qu.109,art.4,res. 행위의 양태란, 겉으로 보이는 행위뿐만 아니라 동기의 순수함까지 말하는 것 같다. 타락한 상태의 인간 본성으로는 그런 순수함을 유지하기 어렵다.

은총을 받으려면 의지의 전환이 필요하다. 하느님을 향해 돌아서야 한다. 그런데 돌아서게 하는 분도 하느님이다. "인간이 하느님에게로 돌아서는 것convertatur은 하느님이 그들을 돌아서게 하시는 것 없이는 불가능하다"Iallae,qu.109,art.6,res. 왜냐하면 하느님은 제1운동자이기 때문이다. 인간은 제2운동자로서 나름대로 행위를 하고 노력을 해야 한다. 그래야 은총을 받을 준비가 되는 것이다. 그러나 인간의 노력도 하느님의 은총으로 가능하다. 제2행위자의 동력은 제1행위자에게서 나오기 때문이다. 자유의지라고 하지만 "하느님이 움직이시지 않으시면 아무 일도 할 수 없다"Iallae,qu.109,art.6,ad2. "인간 영혼을 내적으로 움직이고 선한 소원을 불러일으키는 하느님으로부터의 값없는 도우심의 선물"Iallae,qu.109,art.6,res. 을 가정해야 한다. 우리 마음을 선으로 이끄는 하느님의 은총이 있어야, 의지의 전환이 가능해지는 것이다. 그러한 외적인 도움exterum auxilium은 인간의 공로가 되는 행위의 근원principium operis meritorii이다.

은총의 도움으로 죄로부터 일어서게 되는데resurgere a peccato, 죄로부터 일어선다는 것은 흠을 입은 영혼과 자연 본성이 회복되는reparari 것이다Iallae,qu.109,art.7,res. 그러면 인간의 의지가 하느님의 의지에 종속되고Iallae,qu.109,art.7,res., 자연 질서ordo naturae가 회복된다. 자연상태에서 지속적으로 비추는 하느님의 은총이 다시 한 번 비출 때, 그런 회복이 가능하다. 이렇게 해서 아퀴나스는 회개와 회복의 문제를 인간의 의지를 선으로 이끄는 하느님의 지속적인 은총habituale donum, quod est gratiae lumen. IaIIae,qu.109,art.7,res.이 다시 한 번denuo 비추는 것으로 보는 것 같다. 이러한 은총은 "의롭게 하는 은총gratia justificantis"IaIIae,qu.109,art.7,ad1이다. 결국 죄로부터 일어난다는 것은 로마서에 나오는 바울의 유명한 교리인 "의롭게 여김" 곧 칭의justificatio라고 할 수 있다. 칭의는 "죄로부터 의로운 상태로 되돌아감redire de peccato ad statum iustitiae"IaIIae,qu.109,art.7의 문제이다. 돌아갈 의로운 상태란, 사랑의 질서에 따라 선에 이끌리는 본성의 힘을 가리킨다. 은총에 의해 부패했던 인간의 본성이 하느님의 치유하는 은총에 의해 회복되는 것, 그것이 칭의이다. 원죄가 행위의 죄 이전에 인간 본성의 부패를 말하듯이, 칭의는 본성의 회복을 가리킨다.

칭의로 본성을 회복했다고 해서, 죄를 짓지 않는 것은 아니다. 아퀴나스는 사도 바울이 로마서 7장 25절에서 "마음으로는 하느님의 법을 섬기고 육신으로는 죄의 법을 섬기노라"라고 말한 것을, 칭의로 회복된 상태에서 하는 말로 본다IaIIae,qu.109,art.8,res. 치유된 이후에도 열등한 욕구의 충동이 완전히 사라지지 않아서, 이성이 그 모든 욕구를 다 억제할 수는 없다. 그러므로 죄에서 완전히 벗어나려면, 본성을 치유하는 지속적인 은총gratia habituali sanante naturam이 필요하다IaIIae,qu.109,art.8,res. 그렇게 해서 본성이 원래의 모습을 완전히 회복하기 전에는, 욕구의 충동이 이성에 복종하지 않고, 이성은 하느님에 복종하지 않는 경우들이 있을 수 있다. 사실 "이생에서는 은총이 완전히 인간을 치유하지는 못한다" IaIIae,qu.109,art.9,ad1.

한편, 칭의 이전에도 사람이 필연적으로 죄를 짓는 것은 아니다IaIIae,qu.109,art.8,res. 그러므로 은총으로 의롭게 여김받은 사람이나 자연 상태의 사람이 잘 구분되지 않을 수 있다. 그러나 치유된 사람은 본성의 회복으로 하느님께 순종하는 길로 들어선 사람이고, 부패한 본성의 사람은 즉시 은총에 의해 올바른 질서로 회복되지 않으면 하느님에게서 멀리 벗어나는 사람이 될 것이다. 하느님에게 순종한다는 것은 올바르게 도덕적인 삶을 사는 차원을 포함하고 있다.

그러므로 사람이 바르게 살려면ad recte viviendum, 치유하는 은총 외에도, 하느님의 뜻에 맞는 행위를 이끌어내는 은총이 필요하다. "사람은 하느님에 의해 행위로 움직여지기 위해 은총의 도움이 필요하다"Iallae,qu.109,art.9,res. 칭의는 약해진 본성의 회복이므로, 가능성의 회복이라고 할 수 있다. 그러나 그 선의 가능성이 언제나 선한 행위로 실현되는 것은 아니다. 욕구의 충동을 이성이 언제나 견제하는 것은 아니기 때문이다. 이런 상태를 아퀴나스는, 정신은 치유를 받았지만 육신은 죄의 법을 섬기고 있으며, 지성에도 무지가 남아 있다고 말한다. 그러니까 치유되었다고 하지만, 태초의 상태로 온전하게 돌아간 것은 아니라고 봐야 한다. 그러므로 "하느님에 의해 바르게 행하도록 움직여지기 위해ad recte agendum 은총의 도움을 필요로 한다"Iallae,qu.109,art.9,res.

물론 선을 향한 인간의 행위에는 언제나 하느님의 도우심이 있다고 해야 한다. 특별한 은총이 아니더라도 자연 상태에서 제일 행위자인 하느님의 도우심이 없으면 우리의 존재와 행위가 불가능하기 때문이다. 그러나 타락한 자연 상태에 있지 않고 은총으로 치유된 영혼의 경우에 특별히 하느님의 도움이 필요하다. 그 도움은 선한 행위를 이끄는 도움이되, "치유된 자로 하여금 자연의 범위를 넘어서는 영생을 얻을 만한 행위를 하도록 고양한다"Iallae,qu.109,art.9,res. 따라서 모든 피조물에게 주어지는 자연 상태의 도움과 구분해서 은총이라고 부르는 것이다.

아퀴나스는 질문 110에서 은총의 본질을 하느님의 사랑으로 설명한다. 피조물을 존재하게 하고 모든 피조물에 본성을 주는 것은, 피조물 안에 약간의 선aliquod bonum이 변함없이 존재하도록 만드는 것이다. 그것은 보편적 사랑delectio communis이요, 그러므로 보편적 은총이다. 또 하나는 특별한 사랑delectio specialis이 있는데, 이성적 피조물인 인간을 본래의 자연 상태 곧 본성의 상태보다 높게supra conditionem naturae 이끌어 거룩한 선에 참여하게ad participationem divini boni 하는 것이다Iallae,qu.110,art.1,res. 이것은 특별한 사랑이고, 따라서 특별한 은총이라고 해야 할 것이다. 그런 은총은 모든 사람에게 주어지는 것은 아니라는 점에서도 특별한 은총이다. "어떤 사람이 하느님의 은총을 지니고 있다고 말하는 것은, 그 안에 있는, 하느님으로부터 오는 초자연적인 어떤 것을 뜻하는 것이다"IaIIae,qu.110,art.1,res. 그러므로 높은 선에 참여하게 하는 특별 은총은 초자연적 은총이라고 할 수도 있을 것이다. 초자연적 선을 이루게 하는 초자연적 은총인 것이다. 이것은 성화sanctificatio의 은총을 가리킨다고 할 수 있다.

그렇다면 치유하는 은총 곧 칭의justificatio의 은총은 보편 은총인가 아니면 특별 은총인가? 이것은 모든 사람에게 주어지는 것이 아니라는 점에서 특별 은총이라고 해야 할 것이다. 그뿐만 아니라 칭의에는 그리스도의 십자가의 은총도 작용하는 것이므로, 존재에 어느 정도의 선을 준 보편 은총과는 다르다고 해야 할 것이요, 그런 점에서 특별 은총이라고 해야 할 것이다. 더구나, 아퀴나스는 칭의보다는 성화에 중점을 두는 것 같다. 다시 말해서 칭의는 성화를 위한 전단계의 의미가 큰 것으로 보인다. 아퀴나스가 말하는 칭의는 이미 성화를 위한 첫발을 내디딘 것으로 보인다. 그렇다면 이미 칭의의 은총 곧 치유하는 은총이 초자연적 특별 은총의 시작 지점이라고도 할 수 있는 것이다. 따라서, 치유하는 은총은 보편 은총이기보다는 특별 은총이라고 해야 할 것이다. 한편 아퀴나스는 보편 은총은 은총이라고 하지 않고, 특별 은총만 은총이라고 하는 경우가 많다. 은총이라고 할 때에는 치유하는 은총, 그리고 치유된 자로 하여금 행위하게 하는 은총, 그에게 초자연적 선에 참여하게 하는 은총 등을 가리킨다고 할 수 있다. 그 이전의 상태는 은총과 대비되는 자연이다. 그러므로 아퀴나스가 은총이라고 할 때는, 칭의와 성화를 이끄는 하느님의 행위를 가리킨다.

자연과 은총을 구분할 때, 자연은 이성의 자연적 빛이라고도 한다. 이성의 능력으로 인간은 실천을 통해 획득된 덕virtutes acquisitae을 소유한다. 그것은 인간의 본성에 맞는 수준의 덕이다. 그러나 은총의 빛으로 인간은 본래의 본성을 회복할 뿐 아니라, 주입된 덕virtutes infusae을 지니게 된다. 이 덕으로 인간은 "더 높은 본성 곧 하느님의 본성에 참여하게 된다in ordine ad naturam divinam participatam"IaIIae,qu.110,art.3,res. 하느님의 본성에 참여하는 것은, "영혼이 그 본성에서 거듭남 또는 재창조를 통해, 유사성을 따라" 일어나는 일이다IaIIae,qu.110,art.4,res. 이것은 성화의 단계를 설명한다. 여기서 유사성을 강조한 것은, 성화된다고 해서 인간이 하느님이 되는 것은 아니라는 점을 가리키는 것이다. 어쨌든 성화의 단계는 인간의 능력으로 되는 게 아니라, 온전히 하느님의 힘으로 되는 것이다. 그래서 주입된 덕이라는 표현을 쓴다. 외부에서 주입된 죄는 없지만 외부에서 주입된 덕은 있다. 하느님의 본성에 참여하는 것을 "그러한 본성을 받음acceptio huius naturae"이라고 말하기도 한다. 마치 하느님의 본성을 나누어 갖는 것처럼 보는 것이다. 하느님의 자녀로 거듭난다regenerari in filios Dei는 것은 바로 하느님의 본성을 받는 단계를 가리킨다Iallae, qu.110,art.3,res. 이처럼 아퀴나스에게는 칭의와 거듭남 그리고 성화가 모두 같은 차원에서 벌어지는 일이다.

그러나 이런 점은 대체로 개신교 신학과 차이를 보이는 부분이다. 개신교에서는 성화보다는 칭의를 더 강조한다. 인간은 죄를 지을 수밖에 없는 존재라는 점이 더 강조되기 때문이다.

III

『신학대전』 2부의 2 해설

2부의 1에서 도덕과 법의 원리를 다룬 아퀴나스는 2부의 2에서 신학적인 덕과 도덕적인 덕을 세밀하게 다룬다. 신학적인 덕목은 그 대상이 하느님인 경우의 덕목이다. 믿음과 희망과 사랑을 가리킨다. 그리고 도덕적인 덕목은 지혜, 정의, 용기, 절제인데, 이것을 사추덕四樞德이라고 한다.

1. 신학적 덕목: 믿음과 희망과 사랑

아퀴나스는 믿음을 일종의 인식의 문제로 보고 있으며, 따라서 지성의 문제라고 본다. 믿음 자체가 지성 차원에서 벌어지는 행위이지만, 그러한 믿음이 다시 지성을 도와 지성을 완전하게 한다. “신앙은 지성을 완전하게 하는 덕목이다”IIaIIae,qu.1,art.1,ad1. 그와 같은 믿음의 지성으로 진리를 알고, 지성은 제 역할을 다하는 것이다. 반면에 희망과 사랑은 욕구능력(의지의 문제, 본능의 문제)을 완전하게 한다IIaIIae,art.1,ad1. 희망과 사랑은 의지의 문제이고, 믿음은 지성의 문제이다.

믿음에는, 시간을 초월한 영원한 하느님에 대한 믿음과, 시간 안에서 벌이는 하느님의 구원사업에 대한 믿음이 있다. 아퀴나스는 전자를 하느님의 존재에 대한 믿음이라고 하고, 후자를 하느님의 섭리에 대한 믿음이라고 부른다IIaIIae,qu.1,art.7,res. 하느님의 존재에 대한 믿음은, 하느님이 있다는 걸 믿는 것일 뿐 아니라, 하느님의 선이나 사랑이나 지혜 등, 하느님 안에 영원히 존재한다고 생각되는 것들을 믿는 것이다. 그리고 하느님의 섭리에 대한 믿음이란 시간 안에서 하느님이 인류의 구원을 위해 하시는 모든 것을 믿는 것이다. 여기에는 그리스도의 성육신과 수난에 대한 믿음이 포함된다IIaIIae,qu.1,art.7,res.

믿음credere은 지성의 행위 곧 생각cogitare과 관련이 있는데,

동의가 있는 생각cogitare cum assensione, think with assent이다. 다시 말해서 어떤 지성적 물음과 의문을 가지고 생각하여 받아들이는 것이다IIaIIae,qu.2,art.1,res. "동의assensus는 지성의 행위이지만, 의지에 의해서 대상에 고착된 지성의 행위이다. 믿는 자의 지성은 의지에 의해서 대상에 고착된다"IIaIIae,qu.2,art.1,ad3. "믿는다는 것은 지성의 행위인데, 의지가 지성을 동의로 몰고 간다"IIaIIae,qu.2,art.2,res. 의지는 욕구이며, 이성적 욕구이다. 그러므로 의지가 지성을 동의로 몰고 간다는 말은, 지성의 인식 대상이 욕구를 만족시킬 때 지성이 그 대상을 인식한다는 말이다. 믿음의 대상은 인간의 본래적 욕망의 대상이기도 하다. 그래서 의지로 받아들이는 행위가 인식 행위에 포함된다. 동의가 있는 인식 또는 동의가 있는 생각이라는 말이 그 뜻이다. 어떻든 믿음은 지성과 의지의 합작품이다. 지성의 행위라는 점에서 인식의 일종이고 앎이지만, 욕구능력인 의지가 인식을 이끌어낸다는 점에서 과학적인 앎scientia과는 다르다. 그렇기 때문에 어떤 면에서 믿음이란 아직 알지 못하는 것을 믿는 것이라고 할 수 있다.

믿음이라는 인식 행위의 완성은 '본다'는 말로 표현된다.

지금은 믿지만 장차에는 볼 것이다IIaIIae,qu.1,art.8,res. 본다는 것은 진리 인식의 완성을 가리킨다. 지금은 믿음의 도움을 받아 진리 인식의 맛을 보지만, 장차는 진리를 제대로 보게 될 것이다. 장차에는 감추어진 하느님의 비밀occultum divinitatis을 본다. 이성적 피조물인 인간은 하느님의 선에 초자연적 참여를 통해 완전해진다. 초자연적 참여란, 자연이성을 뛰어넘은 믿음을 가리키고, 또 믿음을 넘어 보는 데까지 이르는 것을 가리키는 것 같다. 그 모든 과정에는 하느님의 은총이 필요하다. 아퀴나스에게 인간의 구원이란 궁극적 행복ultima beatitudo과 동일어인 것 같다. 그런데 궁극적 행복은 "하느님을 초자연적으로 봄에in supernaturali Dei visione 있다. 그 봄은 하느님에 의해 가르쳐져야 얻을 수 있다. 인간은 그의 본성 때문에 조금씩 알게 되고, 하느님을 보는 데는 믿음이 필요하다" IIaIIae,qu.2,art.3,res.

아퀴나스는 믿음의 행위를 세 가지로 나눈다IIaIIae,qu.2,art.2,res. 본래 신앙은 지성과 의지의 합작품이지만, 의지가 따르지 않은 채 지성의 행위로만 이루어지는 신앙에 두 가지가 있고, 세 번째 믿음은 의지가 수반되는 믿음이다. 첫째는,

형상形相, forma, form적인 측면에서 지성의 대상을 인식하는 것이다. 그것은 제일 진리veritas prima에 대한 믿음이다. 제일 진리가 존재한다고 믿는 것을 가리켜 크레데레 데오credere Deo, believing God라고 한다. 아퀴나스에게 하느님은 자연이성이 말하는 제일 진리이기 때문에, 제일 진리에 대한 믿음도 하느님에 대한 믿음에 속한다. 그러나 이것은 개념적 신에 대한 믿음이므로 아직 교회의 신앙이라고 할 수 없다. 둘째는 내용적인 측면에서 지성의 대상을 인식하는 것이다. 형상적이고 형식적인 신은 교회에서 하는 말로 인해 내용을 갖게 된다. "믿는 진리가 진술되지proponatur, proposed 않으면 믿음이 불가능하다"IIaIIae,qu.1,art.9,res. 다시 말해서 교회의 진술이 없으면 그리스도교 신앙도 없다는 말이다. 아퀴나스는 교회의 진술을 상징symbolum이라고 부른다. 상징이란 "믿음의 진술들의 집합collectio sententiarum fidei, a collection of maximes of faith"이다. 그러한 교회의 가르침과 말을 믿는 것을 가리켜 크레데레 데움credere Deum, believing in a God이라고 한다. 이런 신앙은 교회의 권위를 받아들이는 신앙이다. 셋째로, 의지가 지성과 욕구를 믿음의 대상 쪽으로 움직여가는 믿음이 있다. "제일 진리는 목적의 관점에서 보면 의지의 대상이다." 따라서 이러한 신앙은 믿음의 대상이 삶의 목적이 되어 마음과 몸을 헌신하는 차원이다. 이것은 좀 더 주관적이고 실존적인 신앙이라고 할 수 있다. 아퀴나스는 이런 신앙을 가리켜 크레데레 인데움credere in Deum, believing in God이라고 한다.

아퀴나스는 이 세 가지 신앙형태가 서로 다른 신앙이 아니라고 본다. 오히려 한 가지의 같은 신앙 행위가 세 가지 대상을 지니는 것이다IIaIIae,qu.2,art.2,ad1. 그리스도교 신앙은 이 세 가지 형태의 신앙을 모두 지니고 있어야 된다는 말이다. 따라서 철학적 신앙이라고 할 수 있는 제일 진리에 대한 믿음도 신앙 안에 들어 있어야 한다. 다시 말해서 그리스도 신앙 안에는 진리에 대한 사유가 들어가야 한다는 말이다. 아퀴나스는 말한다. "인간은 제일 진리에 관심을 갖게 마련인데, 신앙을 받아들이는 것도 그 제일 진리와 관련해서 받아들이는 것이다"IIaIIae,qu.2,art.2,res.

한편 또 하나의 신학적 덕목인 희망spes이란 무엇을 바라고 욕망하는 것인데, 아퀴나스에게서 인간이 바라는 것은 결국 하느님이다. 그러므로 희망은 하느님을 대상으로 하는 덕목이요, 신학적 덕목에 들어간다.

인간의 모든 행위는 희망에서 나오는 것이다. 뭔가를 바라고 행위하는 것이다. 그런 점에서 희망은 인간 행위의 최고 규칙suprema regula humanorum actuum. IIaIIae,qu.17,art.5,res.이다. 물론 여기서 아퀴나스가 바라는 희망은 단순한 바람이 아니라, 근원적이고 궁극적인 것에 대한 바람이다. 희망의 대상은 획득하기 어렵지만 가능한 미래의 선bonum futurum arduum possibile haberi, a future good, arduous but possible to obtain이다IIaIIae,qu.17,art.7,res. 그러한 미래의 선은 참된 행복이라고 할 수 있다. 그러므로 인간은 참된 행복을 희망한다고 할 수 있다. 그런데 궁극적 목적인 행복을 얻는 데는 인간의 힘만으로는 안 되기 때문에 돕는 힘을 희망하게 된다. 돕는 힘이란 하느님의 도움auxilium divinum이며, 그래서 인간은 제일 능동인prima causa effeciens인 하느님을 희망한다. 한편 하느님은 인간의 궁극적 목적이기도 한데, 그것은 참 행복이 하느님에 도달할 때 가능하기 때문이다. 그러므로 인간은 행복을 위해 처음부터 하느님을 희망하며, 그 하느님은 궁극적 목적인ultima causa finalis으로서의 하느님이다IIaIIae,qu.17,art.5,res. 인간은 희망으로 모든 행위를 한다고도 할 수 있지만, 희망으로 최고선이요 힘이신 하느님에게로 이끌린다고도 할 수 있다IIaIIae,qu.17,art.6,ad3.

믿음으로 하느님으로부터 진리에 대한 앎을 얻고, 희망으로 하느님으로부터 오는 완벽한 선을 희망한다. 믿음에서 하느님은 진리에 대한 앎을 주는 원천source, principium cognoscendi veritatem이고, 희망에서 하느님은 완전한 선의 원천principium perfectae bonitatis이다IIaIIae,qu.17,art.6,res. 그러므로 믿음과 희망은 하느님으로부터 뭔가를 얻는 방식으로 하느님과 관계한다adhere to. 그런데, 하느님을 사랑하는 사랑caritas은 사랑의 정affectus으로 우리 마음을 하느님과 일치시킨다mentem hominis uniens Deo per affectum amoris. 하느님으로부터 뭔가를 얻는 방식이 아니라, 하느님 자신을 위해서propter seipsum 하느님과 관계하는 것이다IIaIIae,qu.17,art.6,res. 사랑caritas은 하느님을 그냥 그 자체로 좋아하는 것이다. "사랑은 인간의 정을 하느님과 하나되게 함으로써 우리를 하느님에게로 이끄는데, 그렇게 해서 우리가 우리 자신을 위해서가 아니라, 하느님을 위해서 살게 하려는 것이다"IIaIIae,qu.17,art.6,ad3. 그러므로 사랑은 하느님으로부터 앎과 선을 얻는 믿음과 희망에 비해 우월하다. 신학적 덕목인 믿음과 희망과 사랑 중에서 사랑이 으뜸이라고 할 수 있을 것이다.

희망은 무언가를 바라는 것이니까 욕구운동appetitivus motus이라 할 수 있고, 욕구운동은 무언가를 좋아하는 것이니까 사랑에서 나오는ex amore derivatur 것이라고 할 수 있다 IIaIIae,qu.17,art.8,res. 결국 희망도 사랑의 일종이라고 할 수 있다. 그러나 희망은 자신을 위해 뭔가를 얻고자 하느님을 바라고 좋아하는 것이다. 아퀴나스는 희망을 불완전한 사랑이라고 부른다IIaIIae,qu.17,art.8,res. 하느님을 그 자체로 좋아하는 행위는 희망과는 다른 종류의 사랑이라고 할 수 있다. 그런 사랑을 완전한 사랑이라고 부른다. 인간에게는 쾌락을 좋아하는 낮은 형태의 사랑이 있고, 그다음에 희망이라는 신학적인 불완전한 사랑이 있으며, 그다음에 가장 높은 형태의 사랑이 있다고 할 수 있을 것 같다. 아모르amor, love라는 말은 모든 사랑에 공통으로 사용하는데, 가장 높은 형태의 사랑은 카리타스caritas, charity라는 말을 사용한다. 희망과 높은 사랑 중에, 발생적으로 보면 희망이 먼저 오고 그다음에 높은 사랑이 있게 된다. 그러나 완전성의 각도에서 보면, 사랑이 앞선다고 아퀴나스는 말한다. 그것은, 하느님을 그 자체로 사랑하게 되면 희망은 더욱 완전해지기 때문이다IIaIIae,qu.17,art.8,res. 그러니까 높은 사랑으로 희망을 대체하는 것은 아닌 것 같다.

아퀴나스는 희망의 주체subjectio spei 문제를 다룬다. 희망의 주체는 의지이다. 희망도 일종의 욕구운동인데, 감각적 욕구가 아니라 지성적 욕구운동이다. 희망의 대상은 감각적 선이 아니라 신적인 선bonum divinum이기 때문이다. 신적인 선을 욕구하는 것은 이성적 욕구인 의지이다. 낮은 욕구에는 감정passio이 들어가지만, 높은 욕구는 감정passio이 들어가지 않는 욕구 곧 이성적 욕구이다. 그것은 의지이다 IIaIIae,qu.18,art.1,res.

마지막으로 사랑에 대해 살펴보자. 하느님에 대한 사랑caritas을 아퀴나스는 우정amicitia, friendship의 일종으로 본다. 우정이란 상대방이 잘되기를 바라는 마음the well-wishing, benevolentia에서 사랑하는 것이다. 그리고 그 사랑은 교통에 바탕을 둔 상호적 사랑muta amatio, mutual love이라고 할 수 있다 IIaIIae,qu.23,art.1,res. 물론 교통의 주도권은 하느님에게 있다. 사실, 하느님과의 우정 어린 사랑이란 자연적인 것이 아니라

"초자연적인 교통communicatio supernaturali" IIaIIae,qu.24,art.2,ad1이다. 그것은 인간의 덕에 바탕을 둔 게 아니라 하느님의 선하심에 바탕을 둔 것IIaIIae,qu.23,art.3,ad1이기 때문이다.

사랑은 다른 덕과 달리 인간의 이성에 의해 주도되는 게 아니라 이성을 초월한 하느님의 지혜에 의해 주도된다regulatur a Dei sapientia. 그러므로 사랑은 이성 안에in ratione 있지 않고, 다만 의지의 행위라고는 할 수 있는데, 그 의지가 이성과 어떤 유사성이 있을 뿐이다IIaIIae,qu.24,art.1,ad2. 아퀴나스는 사랑이 의지의 행위요, 의지적인 것이라고 보는데, 자유의지는 아니라고 본다IIaIIae,qu.24,art.1,ad3. 인간이 자유롭게 선택해서 사랑하는 게 아니요, 사랑의 주도권이 하느님에게 있다는 말이다.

사랑에서 사람과 하느님 사이에 벌어지는 교통은 은총에 의한 것이다. "자연적으로 자연적 힘에 의해 일어나지 않고, 성령의 주입에 의해 일어난다"IIaIIae,qu.24,art.2,res. 성령의 주입이란 사랑의 주입을 의미한다. 성부와 성자 사이의 사랑이 우리에게 주입되어야 비로소 우리는 사랑할 수 있다. 왜냐하면 자연적으로 우리는 보이는 것에 끌리기inclinatio 때문에 하느님이 “그렇게 사랑스럽지 않다.” 하느님을 사랑하는 것은 그 무엇보다 더 하느님을 사랑하는 것인데, 그러려면 사랑이신 성령이 우리에게 주입되어야 한다IIaIIae,qu.24,art.2,ad2.

아퀴나스는 인간이 자연적으로도 자기 자신보다 하느님을 더 사랑하게 되어 있다고 본다. 개별적인 선보다 보편적인 선인 하느님을 더 사랑한다는 말이다. 이것은 개인의 이득보다 공공선을 더 앞세우는 아퀴나스의 정치철학과 관련이 있다. 그래서 사랑 부분에서도, 사람이 자신보다 하느님을 사랑하게 되어 있다고 하면서, 그 예로 공공선을 위해 개인이 희생한다는 점을 든다IIaIIae,qu.27,art.3,res. 그러나 다른 무엇보다도 하느님을 더 사랑하는 카리타스의 사랑을 위해서는 자연적인 의지의 힘으로는 안 되고, 하느님의 사랑이 주입되어야 한다고 보는 것이다. 왜냐하면 자연적으로도 하느님을 사랑하지만, 다른 것 곧 눈에 보이는 것들을 사랑하느라고 하느님이 매우 사랑스럽지는 않기 때문이다. 그래서 하느님의 사랑의 주입되어 의지를 이끄는 게 필요하다.

그러나 하느님을 사랑하는 사랑의 운동이, 인간의 자발적이고 의지적인 행위의 축적 없이 성령에서 곧바로 생겨난다고 하는 주장을 아퀴나스는 반대한다. 사랑도 인간의 덕목이 되려면 의지적 노력이 쌓인 습관에서 생기는 것이라야 한다. "사랑은 그 본성상de sui ratione 의지의 행위actus voluntatis이다"IIaIIae,qu.23,art.2,res. 물론 성령이 의지를 움직여서 하느님을 사랑하게 된다고 할 수 있을 것이다. 그러나 그때에도 인간은 스스로 안에 행위의 근거principium actus를 갖지 못하는 도구가 되지는 않는다. "의지가 성령에 의해 움직여진다고 해도, 의지는 그 행위의 작용인efficiens actum이 되어야 한다"IIaIIae,qu.23,art.2,res. 그래서 아퀴나스는 사랑의 주체가 지성적 욕구인 의지라고 말한다IIaIIae,qu.24,art.1,res. 물론 아퀴나스가 주체라고 하는 것이 현대적 의미의 주체를 가리키지는 않는다. 현대에는 자유로운 의지로 스스로 결정하는 것을 주체라고 하지만, 앞에서 보았듯이, 아퀴나스는 사랑에서 인간의 자유의지가 작용하지는 않는다고 본다. 다만 의지가 작용하는데, 그 의지는 지성적이고 보편적인 선을 욕구하는 것으로서, 하느님의 주도권에 의해 움직이는 것이다. 그럼에도 의지가 단순히 도구가 아니라고 함으로써, 사랑도 인간의 공적meritus임을 주장하고 있다IIaIIae,qu.23,art.2,res.

물론 하느님을 사랑하고 이웃을 사랑하는 카리타스라고 하는 "사랑의 행위는 의지의 힘의 본성을 넘어선다"IIaIIae,qu.23,art.2,res. 그러므로 카리타스의 사랑을 하려면, 의지의 자연적 힘potentia naturali 위에 덧붙여진superaddita, superadded 어떤 지속적인 형상forma habitualis이 우리 안에 있어 의지를 끌어주어야 한다. 그래야 하느님과 이웃을 사랑할 수 있을 뿐 아니라, 쉽고 기쁘게 사랑할 수 있다IIaIIae,qu.23,art.2,res. 여기서 말하는 지속적인 형상은 하느님 자신 곧 성령 하느님이라고 할 수 있다. 또는 성부와 성자 사이의 사랑이라고 할 수도 있다. 결국 성령이 주입되는 것은 하느님의 사랑이 초자연적 형상으로 주입되는 것이다. '지속적인 형상forma habitualis'이라고 했는데, 그 지속성은 "주체의 힘에 의존하는 획득된 습관habitus acquisitus ex virtute subiecti dependens"에서 오는 것이 아니라 사랑을 주입하는 하느님의 행위에 의존하는 주입된 습관habitus infusus, dependet ex actione Dei infundentis에서 비롯된 것이다IIaIIae,qu.24,art.12,res.

그런 형상에 이끌려inclinatio 사랑하게 되는 것을 가리켜 형상적으로formally, formaliter 사랑한다고 할 수 있다. 형상에 끌려 사랑한다는 것은, 어떤 보편적 사랑을 가리킨다고 볼 수 있다. 사랑(카리타스)의 대상은 하느님의 선이요, 보편적 선bonum communi이다IIaIIae,qu.24,art.1,res. 그러므로 카리타스로서의 사랑은 보편적 사랑이라고 할 수 있는데, 그것을 가리켜 형상적으로 사랑한다고 한다. 그런데, 형상적으로formaliter 사랑한다는 것은 아직 구체적이지 않다는 점에서 형식적이라고도 번역될 수 있다. 그것은 하느님을 사랑하고 모든 이웃을 사랑하기 위해서 구체적 내용을 초월한 것이다. 그것은 내용을 배제한 형식적인 사랑이 아니라, 모든 구체적 상황에 차별 없이 보편적으로 적용되기 위해 내용을 초월한 것이다. 그러므로 형상이라는 것은 본이라고 할 수 있고, "사랑은 형식(형상)적으로 작동된다caritas operatur formaliter"IIaIIae,qu.23,art.2,ad3는 말은 카리타스의 사랑이 본보기로 이루어진다는 뜻이다.

그것은 초월적인 하느님의 사랑의 방식이기도 하다. 사실, 사람이 하느님을 사랑하고 이웃을 사랑하는 것은 하느님의 사랑에 참여하는 것participatio divinae caritatis. IIaIIae,qu.23,art.2,ad2이다. 본이 되는 하느님의 사랑에 참여하는 것이다. 그런 면에서 사랑의 주인auctor, author은 하느님이다. 하느님은 본질적으로 사랑이요, 모든 사람에게 보편적으로 내리는 사랑이기 때문이다. 그러한 하느님의 사랑은 인간의 영혼을 의롭게 해서 하느님과 인간이 하나가 되게 한다coniungit, unify. 그렇게 되면 하느님의 무한한 사랑이 인간의 영혼을 통해 무한한 효과를 가져온다IIaIIae,qu.23,art.2,ad3. 그러므로 형상적으로 작동되는 사랑이 허망한 것vanitas이 아니다IIaIIae,qu.23,art.2,ad3. 형상적인 사랑이 내용 없는 형식에 그치는 것이 아니라는 말이다. 그러나 카리타스가 형식적 사랑이 아니라 구체적인 효과가 있는 사랑이 되려면, 본을 따르는 인간의 행위가 필요하다. 사랑의 주인이 하느님이고, 그래서 사랑은 형상적인 본보기로 작동되지만, "그 형상(본)의 효과는 그 형상(본)을 스며들게 하는 행위자의 힘에 달려 있다"IIaIIae,qu.23,art.2,ad3.

이웃사랑은 그 대상이 하느님이 아니지만, 하느님을 사랑하는 사랑의 시각에서 이루어지는 사랑이므로 신학적 덕목에 들어간 것 같다. "하느님을 사랑하는 행위와 이웃을 사랑하는 행위는 같은 행위이다." 아퀴나스는 이웃이 하느님 안에 있기 때문에, 하느님을 사랑하는 사랑은 이웃에게 확대된다고 말한다IIaIIae,qu.25,art.1,res. 여기서 말하는 이웃사랑은 "이웃을 네 몸과 같이 사랑하라"거나, "원수를 사랑하라"는 것처럼 높은 수준의 사랑을 가리킨다고 봐야 할 것이다. 그것은 도덕 명령이 아니라 초 윤리적인 것이므로 하느님의 사랑에 참여하여서만 그런 높은 차원이 가능하다. 그래서 아퀴나스는 이웃 사랑을 신학적 덕목에 넣은 것 같다. 다만, 하느님은 행복의 원인으로서 우리가 사랑하는 것이고, 이웃은 우리와 함께 그 행복을 나누어 가질 자로서 사랑한다 IIaIIae,qu.27,art.2,res. 동물이나 식물은 이웃에 포함되지 않는다. 그들은 이성이 없어서 교통할 수 없고 따라서 우정이 성립되지 않기 때문이다IIaIIae,qu.25,art.3,res.

아퀴나스는 하느님에 대한 사랑에서 시작해서 이웃 사랑의 문제를 다루고, 이어서 자기 사랑의 문제를 다룬다. 하느님에 대한 사랑으로 자기를 사랑한다diligerer seipsum ex caritate 고 할 수 있는가? 아퀴나스는 디오니시우스의 말을 인용하여, "사랑은 하나가 되게 하는 힘amor est virtus unitiva"이라고 본다. "그런데 사람은 누구나 자기 자신과 하나이며unitas, 다른 누구와보다도 자기와 하나가 되어 있다. 하나 되어 있음이 하나로 됨의 근거이다"IIaIIae,qu.25,art.4,res. 사람은 이미 자기와 하나라는 말이다. 다른 사람과는 하나가 아니며 하나가 되어야 할 뿐이다. 하나, 또는 하나가 되어 있음unitas은 하나 됨unio의 본이요 근거이므로, 결국 자기와 하나 되어 있는 것이 다른 사람과 하나 되는 것의 근거가 된다. 자기 사랑이 타자에 대한 사랑의 본이요, 근거라는 말이다. 그래서 아퀴나스는 아리스토텔레스의 『니코마코스 윤리학』을 인용해서 이렇게 말한다. "자기를 사랑하는 그 사랑은 다른 사람에 대해 우정을 갖게 되는 그 우정의 본이요 뿌리이다" IIaIIae,qu.25,art.4,res.

2. 도덕적 덕목: 지혜, 절제, 용기 그리고 정의

아퀴나스는 네 가지 도덕적인 덕목을 말하는데, 그것은 지혜prudentia, 절제, 정의, 용기이다. 도덕적 덕목은 그 대상이 하느님이 아닌 덕목을 가리키며 일상생활에 필요한 덕목이다. 그중에 정의는 사회생활에 기본적으로 필요한 덕목이다. 여기서는 지혜와 정의에 대해 살펴보겠다.

지혜는 질문 47에서 56까지에서 다룬다. 지혜는 인지적인 차원의 덕이다. 신중한 생각 또는 지혜로운 앎을 가리킨다. 생각이요 앎이라는 점에서 인지적 차원의 덕이다 IIaIIae,qu.47,art.1,res. 그러나 물론 욕구하는 행위에 적용되기 때문에, 앎이라고 해서 사변적 이성은 아니고 실천이성의 차원이다. 그러기 때문에 지적 덕목이면서 도덕적 덕목이 되는 것이다. 한편, 도덕적 덕목인 지혜는 인간사에 관한 앎이고 그러므로 절대적 지혜sapientia simpliciter는 아니다. 선을 구하는 앎이지만 최고선 곧 하느님을 구하는 앎은 아니기 때문이다IIaIIae,qu.47,art.2,res. 다시 말해 필연적인 것necessaria에 대한 지혜가 아니라 우연한 것contingentia을 다루는 지혜이다 IIaIIae,qu.47,art.5,res. 같은 얘기이지만 지혜는, 도덕적 덕의 목적을 설정하는 앎이 아니라, 최종 목적에 도달하기 위한 수단을 설정하는 앎이다IIaIIae,qu.47,art.6,res.

인간 삶의 바른 목적은 보편적인 것으로서 정해져 있고, 인간은 거기에 본성의 끌림inclinatio naturae을 갖고 있다. 그러나 거기에 도달하기 위한 수단은 사람과 상황에 따라 매우 다양하다IIaIIae,qu.47,art.15,res. 그러므로 그 수단에 대한 바른 판단 곧 지혜는 자연스럽게 인간 안에 주어져 있는 것은 아니다. 물론 사람의 기질에 따라ex naturali dispositione 다른 사람보다 더 큰 분별력을 가지고 있는 사람이 있기는 하지만 말이다 IIaIIae,qu.47,art.15,res. 아퀴나스는 어떤 사람은 삶의 목적에 대한 바른 판단을 하는 사람이 있다고 하고, 또 수단에 대해서도 남보다 더 분별력 있는 사람이 있다고 한다. 남다른 기질을 가지고 있어 지혜가 뛰어난 사람이 있음을 가리키는 것 같다. 그러나 그런 사람도 노력이 필요하지 않을 정도로 완전할 수는 없다. 지혜는 본성적으로a natura, by nature 자연스럽게 naturaliter 주어진 것이 아니요IIaIIae,qu.47,art.15,res., 인간이 의지적으로 노력하여 습관이 될 때 얻어지는 덕목이다. 그래서 예지가 인간의 덕이 되고 도덕적 덕이 것이다.

그런데, 아퀴나스는 네 가지 덕 그 가운데, 정의가 가장 으뜸가는 도덕이라고 본다. 정의는 질문 57부터 질문 122까지에서 다룬다. 도덕적 덕목 중에 정의가 으뜸인 까닭은 정의는 개인의 개별적 선bonum singularis이 아닌 공공선bonum commune을 대상으로 하는 덕이기 때문이다IIaIIae,qu.58,art.11,res. 다른 사람과의 관계에서 발생하는 덕이기 때문이다. 정의는 개인들 사이의 관계, 또는 공공기관에서 일하는 사람이 구성원 모두를 상대로 한 관계에서 발생한다IIaIIae,qu.58,art.5,res. 그러므로 정의는 곧바로 공동체의 질서와 복지에 관계되는 것이다. 지혜와 절제와 용기는 자기 자신의 바른 몸가짐과 마음가짐이라면, 정의는 속마음이 어떻든 다른 사람과의 관계에서 올바르게 행위하는 것을 가리킨다. "정의는 외부적 활동operatio exterior"이다IIaIIae,qu.58,art.11,res. "정의는 본질적으로 바른 게 아니라 결과적으로 바른 것이다"IIaIIae,qu.58,art.1,ad2. 도덕적인 덕목에는 모두 바르다 또는 반듯하다rectum라는 말을 붙일 수 있는데, 그중에서도 다른 사람과의 관계에서 반듯한 것을 올바르다justum고 한다IIaIIae,qu.57,art.1,res. 원래 도덕적 덕의 최종목적은 공공선이다. 아퀴나스 신학에서 공공선이라면 하느님을 가리키기도 하고, 공동체의 선을 가리키기도 한다. 신학적 덕의 최종 목적은 하느님이고, 도덕적 덕목의 최종 목적은 공동체의 공공선이다. 그렇다면, 지혜, 절제, 용기 같은 개인적인 덕목도 결국 도덕적 덕이 되려면 어떤 모양으로든 공공선에 이바지하는 면이 있을 것이다. 그런데 정의는 처음부터 곧바로 공동체의 질서와 공공선에 관계된 덕목이다.

올바른 것의 내용을 좀 더 추적하면 평등aequalitas이다. 평등하고 동등하게 행했을 때 올바르고 맞는adequantur, adjusted 행위이다IIaIIae,qu.57,art.1,res. 평등이나 동등은 양쪽의 무게가 같아서 균형을 이룬 저울을 생각하면 된다. 아퀴나스에 따르면 정의는 '맞음'이라고 할 수 있는데, 맞음이란 알맞음ad-justed 이다. 연역적이기보다는 귀납적으로 상황을 배려한 개념이라고 할 수 있다. 바르다거나 반듯하다는 말이 행위자의 내면까지 규제할 수 있다면, 알맞다는 것은 행위자의 내면과 무관하게 밖으로 드러난 행위만을 가지고 정의를 말할 여지를 준다.

그런데, 올바르다는 뜻의 라틴어 유스툼justum은 정의justitia의 뿌리일 뿐 아니라, 법jus의 뿌리이기도 하다. 지켜야 할 바른 규정을 모은 것이 법이다. 그리하여 중세 신학자 아퀴나스에게는 정의가 법을 이루고, 그 법을 지키는 것이 정의이다. 정의가 곧 법으로 연결되는 것은, 정의가 공공선의 덕목이며 공공선은 법으로 규정된다고 보기 때문이다. 아퀴나스에게서 정의라면 곧 법적인 정의justitia legalis를 가리키는데 IIaIIae,qu.5,res., 이는 전체가 개인에게 앞서고, 전체의 선은 법으로 구체화되어 있다고 하는 아퀴나스의 생각을 반영한다.

중세 신학자의 한계이기도 하다.

법의 문제는 2부의 1에서 다루었지만, 2부의 2에서 정의 문제를 다루며 다시 실정법이나 만민법의 문제를 다룬다. 사물의 본성에 의해ex ipsa natura rei 정의롭게 여겨지는 것은 자연법을 구성한다. 예를 들어 빌린 만큼 돌려주는 것은 사물의 본성에 의한 자연법이다IIaIIae,qu.57,art.2,res. 한편, "공공의 동의condictum publicum. public agreement에 의해 인간의 의지voluntas humana는 자연법에 어긋나지 않는 한 무엇을 정의롭게 만들 수 있다"IIaIIae,qu.57,art.2,ad2. 공공의 동의란 공동체 전체가 동의하는 경우도 있고, 공공의 권한을 가지고 백성 위에 군림하는 왕의 의사를 가리키기도 한다. 그렇게 만들어진 법을 실정법jus positivum이라고 한다. 실정법이 자연법에 어긋나면 정의롭다고 할 수 없는데, 그 예로 아퀴나스는 훔치거나 간음한 것을 실정법에서 합법으로 만들 수는 없다고 말한다 IIaIIae,qu.57,art.2,ad2.

아퀴나스는 자연법jus naturale과 만민법jus gentium을 구분한다. 자연법은 사물의 본성상 정의로운 것을 규정하는 법이다. 자연법은 절대적으로secundum absolutam 옳다. 예를 들어 남자와 여자가 아이를 낳는 것, 그리고 부모가 아이를 기르는 것은 자연법이다. 절대적으로 옳은 자연법은 동물에게도 해당된다IIaIIae,qu.57,art.3,res. 그러나 만민법은 조금 다르다. 재물을 소유하는 문제 곧 개인 소유권의 문제가 그렇다. 어떤 특정한 사물을 어떤 특정한 사람이 소유하는 것은 절대적으로 올바르다고 할 수 없다. 다만, 소유한 결과를 생각해서 그 유용성 때문에 한 사물을 어떤 특정한 사람이 소유하는 게 옳다. 그처럼 결과의 유용성을 생각하는 것은, "인간의 자연이성에 따라 인간에게 자연스럽다"IIaIIae,qu.57,art.3,res. 따라서 아퀴나스는 만민법의 이름으로 사유재산을 정당화한다. 그러나 사유재산이 자연법이 아니라는 점에서, 사물의 본성에 따르면 공유를 주장할 수도 있는 가능성을 열어놓고 있다.

아퀴나스는 노예제도도 만민법에 속한다고 본다. 한 사람이 다른 사람의 노예가 되는 것은 절대적 차원에서 자연법이라고 할 수 없음을 인정한 것이다. 그러나 우둔한 자가 지혜로운 자의 지배를 받는 것은 유용성의 측면에서 자연스럽다. 노예제도는 자연이성에 적합한 것은 아니지만, 그 유용성 때문에 자연스러워 만민법으로 인정을 받는다

IIaIIae,qu.57,art.3,ad2.

노예제도가 만민법으로 인정을 받는다는 얘기는, 명시적으로 그 제도를 법으로 만들지 않아도 된다는 말이다. 만민법은 자연이성에 의해 당연하게naturaliter 정당화되기 때문에, 그 법을 만들 다른 기관이 필요 없다IIaIIae,qu.57,art.3,ad3. 그런 점에서는 자연법과 비슷하다. 사유재산 제도가 자연법이 아니라 만민법이라고 함으로써, 꼭 공공의 동의로 규정하지 않아도 사유재산제도는 현실적 인간에게 자연스럽고 당연한 것으로 정당화된다. 실정법에 의해 정해지지 않아도 된다는 점에서 자연법과 비슷하다. 그러나 자연법이 아니라 만민법이라고 함으로써, 공유에 대한 인식을 일깨운다. 재물은 하느님의 피조물로서 자연법으로는 사유가 아닌 공유의 대상이라는 말이다. 사유재산 제도는 절대적 차원에서 인정되는 것은 아니라는 말이다. 이처럼 아퀴나스는 자연이성에 일상적으로 자연스런 차원을 뛰어넘는 차원에서 절대적 차원을 설정하고 거기에 자연법을 두었는데, 이것은 인간이 정한 실정법을 상대적 차원으로 보고 비판할 여지를 남겨둔 것이라 하겠다. 사유재산은 자연스런 것으로 인정하면서 동시에 비판의 가능성을 열어둔 것은 아퀴나스의 신학적 사유의 특징을 잘 보여준다.

아퀴나스는 법적인 정의가 다른 모든 도덕을 포함하는 일반적 덕이라고 본다. 원래 아퀴나스에게서 도덕이란 공공선에 이바지하는 것이다. 공공선이 도덕의 목적이다. 지혜와 절제와 용기는 개인의 선을 증가시키는 데 목적이 있다고 하더라도, 그 최종목적은 공공선에 이바지하는 것이다. 개인 선의 증가는 공공선의 증가로 이어진다는 것이 아퀴나스의 생각인 것 같다. 또는 개인의 선은 반드시 공공선에 이바지하는 방식으로 이루어져야 한다. 전체가 개인에 앞선다는 것이 아퀴나스의 생각이기 때문이다. 그런 점에서 개인 선의 증가는 그 자체에 목적이 있기보다는 전체 선의 증가에 목적이 있다고 할 수 있다. 그런데, 공공선을 직접 대상으로 하는 덕목은 정의이다. 그런 점에서 정의가 다른 모든 덕을 포괄한다고 할 수 있다. 그러므로 절제와 용기 그리고 지혜 같은 덕목에는 정의의 문제가 잠재적으로 작용하고 있다고 봐야 한다IIaIIae,qu.58,art.6,res. 그런 점에서 정의는 일반적 덕이고, 다른 덕에 정의의 이름을 부여할 수 있다. 물론, 개인적 덕목들이 그냥 개인의 문제로 국한될 수도 있다. 다른 덕목에 정의의 문제가 언제나 들어가 있는 것은 아니다. 따라서 정의와 다른 도덕적 덕목들이 유類와 종의 관계는 아니라고 아퀴나스는 말한다IIaIIae,qu.58,art.6,res. 그런 경우에는, 남을 해롭게 하지 않는 한 개인 선의 증가는 사회 전체적 선의 증가를 가져와서 공공선에 이바지한다. 그럼에도, 개인 선을 위한 덕목들이 언제든 타자와의 관계로 확대될 수 있기 때문에, 정의가 잠재되어 있다고 말할 수 있다. 그 경우에는 정의가 보편적 원인causa universalis으로서IIaIIae,qu.58,art.6,res. 다른 덕목들로 하여금 자기 목적을 실현하면서 공공선에 이바지하도록 이끄는 역할을 할 것이다. 그래서 정의를 가리켜 모든 덕을 포함하는 일반적 덕이라고 하는 것이다.

정의가 일반적 덕이라면, 도덕은 곧 정의라고 할 수 있다. 신학적 덕의 대표는 사랑이요, 도덕적 덕의 대표가 정의라면, 결국 인간의 덕은 사랑과 정의로 요약할 수 있다. "사랑은 그것이 모든 덕의 행위를 하느님의 선bonum divinum으로 인도하는 점에서 일반적이라고 할 수 있고, 법적 정의는 모든 덕의 행위를 공공선bonum commune으로 인도하는 점에서 일반적이다”IIaIIae,qu.58,art.6,res.

한편 아퀴나스는 정의를 교환적 정의commutative justice와 분배적 정의distributive justice로 나눈다IIaIIae,qu.61. 교환적 정의는 개인들 사이의 상호 거래를 규제하는 정의이다. 이것은 산술적 평등으로 이루어진다. 준 만큼 받고 받은 만큼 되돌려주는 것이다. 분배적 정의는 공동체가 개인에게 공공선을 분배하는 것이다. 이것은 비례적 평등으로 이루어진다. 교환적 정의의 산술적 평등이나 분배적 정의의 비례적 평등은 모두 “각자에게 그의 몫을 되돌려준다reddere unicuique quod suum est, to render to each one his own”고 하는 정의의 공식을 충족시키는 것이다. 정의는 평등 또는 동등이라고 했다. 각자가 그의 몫을 받으려면 평등 또는 동등이 지켜져야 한다. 그런데, 분배적 정의의 동등은 “사물에 대한 사물의 동일성aequalitas rei ad rem이 아니라 사물들과 개인들 사이의 비례proportio rerum ad personas이다”IIaIIae,qu.61,art.2,res. 양의 동일성이 아니라 비례적 동일성이다. 아리스토텔레스는 기하학적 동일성이라고 불렀다. 반면에 교환적 정의는 똑같은 양을 돌려주는 것으로서 양의 동일성adaequare rem rei이요, 산술적 평등이다.

아퀴나스에게서 법적 정의란 개인에게 공공선의 의무를 부과하는 것이다. 그런데, 그 법적 정의를 일반적 정의라고 보고 개별적 정의와 구분한다. 개인 간의 거래를 규제하는 교환적 정의나 국가가 개인들에게 공공선을 분배하는 분배적 정의는 모두 개별적 정의justitiae particularis라고 부른다IIaIIae,qu.61,art.1,ad4. 아퀴나스가 도덕을 대표하는 정의라고 본 것은 법적인 정의이고, 그것을 일반적인 정의라고 본 것이다. 결국 아퀴나스에게서 정의란 보통 법적인 정의를 가리키는 것이고, 그것은 전체를 위해 개인을 규제하는 것이다. 그러니까 아퀴나스가 생각하는 정의의 초점은 우선적으로 국가가 국민에게 의무를 부과하는 것에 있다. 개인의 권리보다는 의무를 우선시하는 중세의 특징을 보여준다. 개인 간의 거래에서 발생하는 권리 의무 관계나, 국가에 대해 개인이 분배받기를 주장할 수 있는 분배의 정의는 일반적이고 보편적인 정의가 아닌 개별적 상황의 이차적 정의가 되는 것이다.

한편 아퀴나스는 응보와 배상의 문제를 다루면서, 그것이 교환적 정의에 속하는 것이라고 본다. 응보retaliation, contrapassum는 행한 만큼 당하도록 똑같이 되돌려주는 것 IIaIIae,qu.61,art.4,res.이다. 육체적 상해를 당했을 때, 또는 재산에 손해를 입었을 때, 그만큼 그대로 되갚는 것repayment, recompensatio secundum aequalitatem이다. 그런데, 당한 것과 되갚는 것을 교환을 통해 똑같이 맞출 때adequare passionem actioni in commutationibus, 행함과 당함이 같은 종류이면 불공평하게 된다. 왜냐하면 때린 만큼 맞게 하거나, 빼앗은 만큼 피해자에게 되갚는다 하더라도, 범죄자는 사회의 안정과 질서라는 공동선을 해친 값도 따로 치러야 한다. 그래야 행함actio과 당함passio이 동일하게 교환되는 것이다. 결국 응보는 사물에 사물을 동일하게 맞추거나 또는 행함에 당함을 동일하게 맞추는 동일성이므로 교환적 정의에 속한다.

IV
『신학대전』 3부 해설

3부는 그리스도론과 성례전에 대한 글이다. 『신학대전』 전체의 구조를 보면, 하느님으로부터 출발해서(1부) 인간과 인간 세상으로 나아갔다가(2부) 그리스도와 성례전을 통해 다시 하느님에게로 돌아가는(3부) 구조이다. 종교 개혁 이후에 개신교 신학은 그리스도론이 중심이 되어서 그 저술도 그리스도론부터 출발하는 경향을 지녔다면, 아퀴나스의 『신학대전』은 그리스도론을 맨 뒤에서 다루고 있는 것이 특징이다. 그것은 중세 신학과 현대 신학의 차이라고 할 수 있다. 중세의 신학은 삼위일체를 성부 중심으로 이해해서 하느님의 절대성을 강조하는 신학이라면, 근대 이후에는 인간의 자율성과 역사의식이 강화되면서 이 땅에 오신 하느님인 성자를 중심으로 하느님을 이해하는 경향이 있다. 아퀴나스 신학과 개신교 신학의 차이는 자연신학과 계시신학의 차이라고도 할 수 있는데, 아퀴나스는 인간의 자연이성으로 하느님을 어느 정도 알 수 있다는 것에서 출발했기 때문에 제일 원인인 하느님으로부터 서술을 시작한 것이다. 그러나 종교 개혁 이후의 계시신학에서는 제일 원인이라는 우주론적인 관점에서 하느님을 보지 않고, 나를 위해 돌아가신 하느님이라고 하는 실존적인 관점에서 하느님을 보기 시작했다. 그 결과 그리스도의 수난이 핵심이 되고, 그것은 자연이성으로 접근할 수 없으며 오직 하느님의 자기 계시를 받아들이는 신앙에 의해서만 의미가 있는 차원이다. 성례의 의미와 효과에 대해서도 종교개혁자들은 매우 주관적이고 실존적인 차원에서 접근하며, 그래서 성례를 상징으로 보는데, 아퀴나스는 '실체의 전환transsubstantia, 化體說'이라는 개념을 사용하면서 실체적이고 객관적인 관점에서 성례를 이해한다.

1. 하느님의 성육신과 그리스도의 수난

그리스도를 설명하는 데 아퀴나스는 그 어디에서보다도 아우구스티누스를 많이 인용하고, 아우구스티누스에 의존한다.

아퀴나스는 하느님이 육을 입는 것이 하느님의 본성에 적합하다고 본다. "하느님의 본성은 선이며natura Dei est bonitas" IIIa,qu.1,art.1,res., "자신을 타자에게 교통하는 것은 선의 본질에 적합하다Pertinet autem ad rationem boni ut se aliis communicet" IIIa,qu.1,art.1,res. 콤무니카레communicare라고 하는 동사는 '더불어 나누다', '누구와 결합한다', '교통한다', '함께한다'는 뜻의 동사이다. 아퀴나스는 하느님의 선하심에서 성육신의 원리를 이끌어 낸다. 이것은 플라톤과 아리스토텔레스의 선 개념에는 없던 것이다. 하느님은 최고선이므로 최고의 방법으로 타자인 피조물과 함께 하기 위해서, "자신에게 피조물의 본성을 결합시켜, 한 위격(성자)은 세 가지로 이루어졌으니, 곧 말씀과 영혼과 육으로 이루어졌다" IIIa,qu.1,art.1,res., 아우구스티누스의 『삼위일체』 13권에서 인용.

한 사람의 인격 안에서 인간의 육이 하느님과 결합하는 것은 불가능하다. 그러나 무한하게 선한 하느님이 인간을 구원하기 위해서 자신에게 인간의 육을 결합시키는 것은 적합하다IIIa,qu.1,art.1,ad2. 육을 입었지만 예수 그리스도는 무흠하다. 악에는 잘못을 저지르는 악malum culpae과 그 결과 받는 벌이라는 악malum poenae이 있는데, 벌이라는 악에 종속되는 것은 육을 입은 하느님에게 맞지만 잘못을 저지르는 악은 비록 피조물의 본성을 입었어도 하느님과는 맞지 않는다IIIa,qu.1,art.1,ad3.

아퀴나스는 하느님의 성육신이 필요했지만 필연적인 것은 아니었다고 본다. 하느님은 전능하므로 다른 방법으로 인류를 구원할 수도 있었다는 것이다. 다만 가장 적합한 방식을 택한 것이다IIIa,qu.1,art.2,res. 하느님의 성육신은 우리가 더 선하게 되기 위해서도 의미가 있다. 믿음과 관련해서 보면, 육을 입고 직접 말하는 하느님을 믿음으로써 우리 믿음은 확실성을 얻는다. 희망과 관련해서는, 하느님이 우리를 매우 사랑한다는 것만큼 우리에게 희망을 주는 것이 없다. 그런데, 하느님의 아들이 우리와 함께 인간의 본성을 나누었다는 것만큼 하느님의 사랑을 분명하게 보여주는 것은 없다 IIIa,qu.1,art.2,res. 사랑(카리타스)과 관련해서는, 아우구스티누스의 말을 인용한다. "하느님의 오심adventus domini은 우리에게 사랑을 보이시기 위해서가 아니라면 무엇 때문이겠는가?" 하느님이 우리를 사랑한 사건인 성육신으로 말미암아 우리는 하느님을 사랑하게 되는 것이다. 네 번째로, 행위와 관련해서, 하느님은 인간이 보고 따를 수 있도록 하기 위해 사람에게 나타났다. 다섯 번째로, 인간의 행복이자 인간 삶의 목적인 신성에 완전하게 참여하는 것plena participatio divinitatis 이 그리스도의 인간성을 통해 우리에게 부여되었다. 이 대목에서도 아퀴나스는 아우구스티누스의 말을 인용한다. "인간이 신이 되게 하기 위해 신이 인간이 되셨다"IIIa,qu.1,art.2,res.

한편, 하느님의 성육신은 인간 본성의 존엄성dignitas humanae naturae을 보여준다. "하느님이 참인간으로 인간에게 나타나셨으니, 모든 피조물 중에서 인간의 본성이 높은 위치에 있음을 입증하셨다"아우구스티누스, 『참된 종교』, 16권. 레오 교황도 말하기를, "그리스도인들이여, 하느님의 본성의 파트너divinae consors naturae가 되어, 악한 행동 때문에 이전의 무가치한 존재로 돌아가는 일이 없도록 하시오"라고 했다. 한편, "인간을 죄의 종에서 해방하는 일은 사탄이 인간 예수 그리스도의 정의에 의해서 극복되는 방식으로 이루어져야 하며, 결국 우리를 위해 보속補贖(죄로 인한 나쁜 결과를 보상함)하는 그리스도에 의해Christo satisfaciente pro nobis 이루어졌다. 그런데 단지 인간만으로는 전체 인류를 위해 보속할 수 없었을 것이고, 하느님에게는 보속해야 할 빚이 없다. 그래서 예수 그리스도는 마땅히 하느님이면서 사람이 되어야 했다"IIIa,qu.1,art.2,res. 레오 교황은 이렇게 말했다. "예수 그리스도가 진짜 하느님vere Deus이 아니라면 치유remedium를 가져오지 못했을 터이고, 진짜 사람vere homo이 아니라면 우리에게 모범이 되지 않았을 것이다"IIIa,qu.1,art.2,res.

보속이라는 것이 잘못한 만큼 똑같이 갚는 것이라면 인간은 자기 죄에 대해 보속이 불가능하다. 인간 본성 전체가 부패했기 때문이다. 그러므로 선을 행한다고 할지라도, 본성 전체에 미친 해를 보상하지 못한다IIIa,qu.1,art.2,ad2. 성서에 따르면 인간의 죄 때문에 하느님이 육신을 입었다. 그러므로 인간이 죄를 안 지었다면 하느님도 육을 입지 않았을 것이다. 그러나 하느님의 능력이 제한될 수는 없으며, 인간이 죄를 안 지었어도 하느님이 육을 입을 수는 있었을 것이다 IIIa,qu.1,art.3,res.

그리스도는 원초적으로 후대에게 물려지는 원죄peccatum originale뿐 아니라 현재의 죄peccatum actuale도 치유한다. 죄가 모두 없어진다는 말이 아니라, 모든 죄를 지우기에 충분한 것을 제공하였다는 말이다IIIa,qu.1,art.4,res. 현재의 죄는 한 사람이 의지적으로de ratione voluntarii 하는 것이라는 점에서 큰 죄라고 할 수 있다. 그러나 원죄는 모든 인간에게 퍼져 있다는 점에서 더 큰 죄다. 그리스도는 무엇보다도 우선 원죄를 없애기 위해서 왔다고 할 수 있다IIIa,qu.1,art.4,res. "배고픔이나 목마름이나 죽음처럼 우리가 이생에서 겪는 감각적 고통은 벌이며, 원죄에서 비롯된 것이다. 그리스도는 원죄에 합당한 충분한 보속을 하려고, 죽음과 그 밖의 고통을 자기 안에서 소화하시기 위해, 감각적 고통을 겪기를 원하셨다"IIIa,qu.1,art.4,ad2.

성육신은 인류의 죄를 없애기 위한 것이므로, 인류가 출현하여 죄를 짓기 전에는 성육신이 필요 없었다. 그리고 죄를 지은 직후에 성육신할 필요도 없었다. 죄지은 인간이 해방자의 필요를 느끼고 겸손해지는 방식으로 해방이 이루어져야 하기 때문이다IIIa,qu.1,art.5,res. 일단 하느님이 자연법을 주었으니 인간은 먼저 자신의 본성의 힘을 알아야 한다. 거기서 실패하면 율법이 주어진다. 그러나 율법 때문이 아니라 본성의 실패 때문에 병이 깊어지면 의사를 찾아 은총의 도움을 부르짖는다IIIa,qu.1,art.5,res. 성육신은 그때 일어난다.

불완전한 것에서 완전하게 되는 것을 보면, 불완전한 것이 완전에 시간적으로 앞선다. 그러나 완전하게 되는 능동인causa efficiens을 보면 완전이 불완전에 시간적으로 앞선다. 성육신에서 그 두 가지가 모두 일어난다. "성육신에 의해 인간의 본성은 최고의 완전에 이른다. 그리하여 육화된 말씀은 인간 본성이 완전해지는 데 능동인이 된다. 그러므로 성육신은 종말까지 늦추어져서는 안 된다. 그러나 육화된 말씀에 의해 인간 본성이 완전에 들어오려는 영광은 세상 끝에 일어날 것이다"IIIa,qu.1,art.6,res.

그리스도의 수난이 그의 신성의 수난으로 이어졌는가? 아퀴나스는 그렇지 않다고 본다. 그리스도는 그 위격persona 또는 자주체hypostasis 또는 suppositum 안에서 "신성과 인성이 하나로 연합되어 있다unio humanae naturae et divinae facta est." 그러나 본성의 구별distinctio naturarum도 있다. 다시 말해서 신성과 인성이 하나의 인격을 이루고 있지만, 두 본성이 각각 "본성의 고유함naturae proprietas"을 유지하고 있다IIIa,qu.46,art.12,res. 신성 곧 하느님으로서의 본성은 수난 받을 수 없다impassibilis. 그러므로 그리스도의 수난은 신성의 수난이 아니라 인성의 수난을 가리킨다IIIa,qu.46,art.12,res.

그런데 아퀴나스는, "수난이 신성의 수포지툼에 돌려진다"는 표현을 한다. 수포지툼은 성자의 위격을 가리키고, 그것은 자주체나 주체 또는 인격이라는 말로도 표현된다. 삼위일체에서 성자가 성부와 구분된 인격임을 가리키기 위해 사용한 말이다. 그러므로 '신성의 수포지툼'이라는 말은 그리스도의 인격이 하느님임을 표현하는 말이다. 그리스도는 인성과 신성이 하나로 결합되어 있는 존재이지만, 그래서 하나의 수포지툼이요, 하나의 주체요, 하나의 인격이지만, 전체적으로 볼 때 그리스도는 하느님이라는 점을 아퀴나스는 강조하고 있다. 그리스도를 삼위일체의 각도에서 볼 때 특히 내부적 삼위일체의 각도에서 볼 때 성자 '하느님'임을 강조해야 하기 때문이다. 그리스도는 진짜 사람vere homo 이면서 진짜 하느님vere Deus이지만, 하느님의 절대성을 강조하려는 중세의 아퀴나스는 경세적 삼위일체보다 내부적 삼위일체를 설명하는 데 공을 들였고, 그리스도가 하느님임을 강조하는 경우가 많다. 그리스도는 인간성을 지니고 있지만 전체적으로 신성한 인격이요, 신성한 수포지툼인 것이다. 결국 그리스도의 수난은 그리스도의 인격 곧 자주체(수포지툼)에 가해진 수난이요, 그것은 신성한 존재에 가해진 수난이다. 그것이, "수난이 신성의 수포지툼에 돌려진다"는 말의 의미이다.

그러나 아퀴나스가 여기서 하고 싶은 말은, 신성한 그리스도가 수난을 받았지만, 그 수난이 신성의 수난으로 이어지는 것은 아니라는 말이다. 신성한 수포지툼suppositum divinae naturae의 수난과 신성 자체divina natura의 수난을 구분하고 있다. 결과적으로 그리스도의 수난은 그 인성(진짜 사람)의 수난이지, 신성(진짜 하느님)의 수난은 아니다.

한편 아퀴나스는 그리스도의 수난의 동력 또는 능동인causa effeciens을 그리스도 자신에게서 찾는다IIIa,qu.47,art.1,res. 그는 이렇게 말한다. "그리스도는 죽기 위해서 폭력을 당했지만, 그러나 의지적으로 그렇게 한 것이다. 그의 몸에 가해진 폭력은 그 자신이 의지하는 한에서 그의 몸을 훼손할 수 있었다." 그리스도가 하느님임을 말하는 관점에서 보면, 하느님이 폭력을 당하면passus est 안 된다. 순수 현실태인 하느님은 능동적으로 무엇을 할 뿐, 수동적으로 당하면 안 되기 때문이다. 그리스도는 폭력을 당하고 죽임을 당했지만, 그러나 그것은 하느님인 그리스도의 의지 안에서 이루어진 일이고, 의지적으로volontarie 이루어진 일이다. 그리스도의 수난passio Christi을 그리스도가 당한 일passio로 보지 않으려는 것은, 하느님의 절대성을 강조하는 중세 신학의 특징을 보여준다.

한편 그리스도의 수난은 인류의 죄에 대한 대가를 치름으로 인류의 죄를 사하는 효과가 있다IIIa,qu.49,art.1.

2. 성례전에 대하여

아퀴나스는 성례전에 대해서 세례와 견진성사 그리고 성만찬과 고해성사에 대해 논의하면서 미완성으로 집필을 끝

냈다. 여기서는 성례 일반에 대한 아퀴나스의 생각과 세례 및 성만찬에 대한 아퀴나스 생각을 정리하도록 하겠다.

1) 성례 일반에 대하여

성례의 효과는 육화된 말씀 그 자체에서 나오는 것이다. 성례sacramentum는 예수 그리스도의 희생에 대한 표징이다. 보이지 않는 그리스도의 희생을 보이도록 한 것sacrificium visibile invisibilis sacrificii이 성례요, 그래서 거룩한 표징sacrum signum이다IIIa,qu.60,art.2,sed. 성례는 인간을 거룩하게 만드는 신성한 것의 표징이다IIIa,qu.60,art.3,res. 표징이란 "그것을 통해 다른 무엇을 알게 하는 수단이 되는 것이다"IIIa,qu,60,art.4, res. 인간은 감각적인 것을 통해서 예지적인 것을 알도록 되어 있다. 인간을 거룩하게 만드는 거룩한 것은 영적이고 예지적인 것이지만, 그것의 표징인 성례전은 감각적인 것으로 이루어져 있다IIIa,qu.60,art.4,res. 구체적으로 어떤 것을 성례전의 도구로 삼을지는 하느님의 교회가 정해야 한다. 왜냐하면 인간을 거룩하게 하는 힘은 하느님에게 있기 때문이다IIIa,qu.60,art.5,res.

성례는 하느님을 예배하고 인간을 거룩하게 하는 것이다

IIIa,qu.60,art.5,res. "거룩하게 하는 성례전에 대해 세 가지를 생각해야 한다. 첫째는 거룩하게 하는 원인causa이 되는 것이니, 곧 그리스도의 수난passio Christi이다. 둘째는 거룩하게 하는 형상forma을 생각해야 하는데, 그것은 은총과 힘이다. 그리고 마지막으로 거룩하게 되는 궁극적 목적finis ultimus을 생각해야 하는데, 그것은 영생이다. 성례는 이 모든 것을 의미한다. 그러므로 성례는, 그리스도의 수난이라고 하는 과거를 '상기시키는 표징signum rememorativum'이요, 그리스도의 수난으로 말미암아 우리 안에서 현재 발생하는 은총을 '드러내는 표징signum demonstrativum'이요, 영광스러운 미래를 '미리 알려주는 표징signum prognosticum'이다"IIIa,qu.60,art.2,res.

성례에 쓰이는 감각적 표징에는 말verbum이 덧붙여져야 하는데, 그 이유를 세 가지로 생각할 수 있다. 첫째, 인간을 거룩하게 하는 원인causa sanctificantis은 그리스도인데, 그리스도는 육화된 말씀verbum incarnatum이다. 그리스도의 육화의 신비가 말씀과 감각적인 육체가 결합된 것이듯이, 성례에도 감각적인 표징에 말이 결합되는 것이 적합하다. 둘째로 거룩하게 되는 인간의 관점에서 생각해 보면, 인간은 영과 육으로 이루어졌다. 그러므로 성례는 감각적인 표징으로 육을 치유하고, 신앙적인 언어로 영을 치유하는 것이 적합하다. 셋째로 성례가 의미하는 것의 관점에서 생각해 볼 수 있다. 아우구스티누스는 말이야말로 인간이 사용하는 가장 중요한 기호signum라고 했다. 인간은 언어를 통해 자기가 생각하는 것을 분명하게 말할 수 있다. 성례에 사용되는 감각적인 것의 의미significatio rerum sensibilium를 말로 분명하게 해야 한다. 예를 들어 물은 씻는 것일 수도 있고 시원하게 하는 것일 수도 있는데, "내가 세례를 주노라"라고 말을 함으로써, 물은 영적인 세척의 의미를 지닌다IIIa,qu.60,art.6,res.

아퀴나스는, 말은 형상forma이고 성례에 쓰이는 감각적 사물은 질료라고 한다IIIa,qu.60,art.6,ad2. 형상은 질료의 목적이다. 성례전에 쓰이는 사물의 질료를 특정하기 전에 그 목적이 되는 형상 곧 성례전에 쓰이는 말을 먼저 정해야 한다IIIa,qu.60,art.7,res.

성례가 인간의 구원을 위해서 필요한 이유를 아퀴나스는 세 가지로 말한다. 첫째, 인간 본성의 조건을 볼 때ex conditione humanae naturae, 인간은 육적이고 감각적인 것을 통해서 영적인 차원으로 인도되어야 한다. 그래서 하느님은 인간의 구원을 위해, 육적이고 감각적인 표징을 성례전으로 제공하셨다. 둘째, 인간은 죄로 인해 육적인 것에 종속되어 병들어 있다. 그래서 영적인 치료도 육적인 차원으로 접근해야 한다. 영적인 것을 바로 제공하면, 육적인 데 빠져 있는 인간이 받아들이지 못한다. 셋째, 인간의 행위는 주로 물질적인 것을 향해 있다. 그래서 몸의 행위actio corporale에서 너무 떨어지면 인간이 힘들어하기 때문에 성례는 몸의 실행corporalia exercitia으로 이루어진다. 그렇게 해서 몸으로 하여금 마귀를 섬기는 미신적인 활동superstitiosa exercitia을 피하도록 훈련시키는 효과가 있다IIIa,qu.61,art.1,res.

결과적으로 성례를 통해 인간은 자신이 육적인 것에 종속되었다는 점을 고백하며 겸손해지고, 건전한 성례를 통해 거짓된 종교의식으로부터 보호된다IIIa,qu.61,art.1,res. 성례는 눈에 보이는 몸의 행실corporalia exercitia로 구성되어 있지만, 단순히 육적인 것은 아니다. 그것이 의미하는 것 그리고 그 인과성으로 보면, 몸의 행실 자체가 이미 어느 정도 영적인 행위excercitia spirutuale이다IIIa,qu.61,art.1,ad1. 성례란 인간에게 합당한 방식으로 하느님의 구원의 은총을 얻는 것이다IIIa,qu.61,art.1,ad2. 인간 구원의 충분한 원인은 그리스도의 수난이다. 성례의 효과는 그리스도의 수난의 힘virtus passionis Christi에서 생기는 것이다. 그 수난의 힘이 성례를 통해 인간에게 적용된다IIIa,qu.61,art.1,ad3.

2) 세례에 대하여

세례라고 하는 성례는 실재이면서 성례res et sacramentum, reality and sacrament이다. 겉으로 보이는 성례만을 말하면, 그건 내면적 효과의 표징signum interioris effectus이다. 성례의 본질이 그렇다. 세례에서 겉으로 보이는 것이란 물과 그 물을 사용해 씻는 행위이다. 세례 받는 자의 몸이 물로 씻길 때, 거룩하게 하는 도구적 힘 또는 덕sanctificationis virtus instrumentalis이 그 사람에게 전달되고, 그때 그는 거룩하게 된다. 물 자체가 거룩한 게 아니라, 물이 거룩하게 되는 참된 주체verae sanctificationis subiectum인 사람에게 적용될 때 거룩하게 하는 일이 일어난다. 세례식을 성례이면서 실재라고 하는 이유는, 물로 씻음을 통해 의미되는 실재res significata가 있기 때문이다. 세례는 의롭게 여김받는 내면의 성례적 표징signum sacramentale interioris iustificationis이고, 의롭게 여김받음이 바로 성례의 실재res, reality 이다. 그 실재는 의미하는 실재가 아니라 의미된significata et non significans, signified and not signifying 실재이다IIIa,qu.66,art.1,res.

"성례는 제정되면서 은총을 주는 힘을 갖는다"IIIa,qu.66,art.2,res. 그러므로 효과를 내는 힘을 가질 때 성례가 제정된다고 할 수 있다. 그런데 세례가 그런 힘을 갖게 된 것은 그리스도가 세례 받을 때이다. 그러므로 세례라는 성례는 그리스도께서 세례 받을 때 제정되었다고 할 수도 있다. 그러나, 세례를 모든 사람에게 명한 것은 그리스도의 수난과 부활 이후이다. "왜냐하면 그리스도의 수난 안에서 모든 겉모양의 성례는 끝났고"IIIa,qu.66,art.2,res., 새로운 법에 의해 세례와 다른 성례가 의무로 부과되었기 때문이다. 그뿐만 아니라, 세례로 말미암아 "사람은 그 모습이 그리스도의 수난과 부활에 맞추어져서", "죽음에 대해서 죽고 의로운 새 삶을 시작한다." 그러므로 그리스도의 수난과 부활이 있고, 그다음에 세례식을 제정해서 모든 사람에게 세례의 의무를 부과하게 된 것이다.

에베소서에 "생명의 말씀 안에서 물로 씻어 깨끗케 하사" 5:26라고 되어 있듯이, 세례식은 그 형상을 통해 신성함을 얻는다IIIa,qu.66,art.5,res. 여기서 아퀴나스가 말하는 세례의 형상形相이란 복음의 말씀을 가리킨다. 그러므로 세례의 원인causa(기원, 주도자)이 말로 표현됨exprimatur이 옳다. 원인에는 두 가지가 있는데, 일차적 원인은 세례가 그 힘을 얻는 기원이 되는 것이니, 거룩한 삼위일체이다IIIa,qu.66,art.5,res. 그다음에는 도구적 원인causa instrumentalis이 있는데, 겉으로 성례를 전하는 집례자minister, qui tradit exterius sacramentum이다. 그 두 원인이 세례의 형상으로 언급되어야 한다. 집례자를 표현하는 말은 "내가 너에게 세례를 주노라"이다. 일차적 원인을 표현하는 말은 "성부와 성자와 성령의 이름으로"이다. 그러므로 그 둘을 합해 표현해야 하므로, "내가 성부와 성자와 성령의 이름으로 세례를 주노라"라고 하는 말이 세례식 때 이루어져야 한다IIIa,qu.66,art.5,res.

주께서 "세례를 주라"고 명하시면서 세례 주는 "행위가 도구적이고 즉각적인 행위자에게 돌려진다"IIIa,qu.66,art.5,ad1. 그러므로 집례자는 도구적인 행위자로서 세례를 준다. 그런데, 행위는 도구적인 행위자뿐 아니라 원초적 행위자에게도 돌려진다. 도구적인 행위자는 원초적 행위자의 힘 안에서 행위한다. 원초적 행위자는 그리스도와 삼위일체 하느님으로서 그 힘 안에서 세례가 행해진다. 그러므로 집례자의 행위와 하느님의 행위가 모두 언급되는 것이 맞으며, "내가 성부와 성자와 성령의 이름으로 세례를 주노라"라고 하는 말이 맞다. 그리스 사람들, 곧 동방정교에서는 집례자에게는 세례 행위를 돌리지 않는데, 그것은 세례의 능력이 집례자로부터 나가는 것처럼 생각하는 오해를 막기 위해서이다. 그래서 그들은 "그리스도의 종 아무개가 아버지 하느님의 이름으로 세례를 받노라"라는 문장을 사용한다. 라틴식의 세례에서는 집례자가 하는 행위에 삼위일체가 언급되기 때문에 집례자의 행위에 의해 타당하게 성례가 전달되는 것이다. 집례자를 가리키는 "내가 …"라는 말이 들어가는데, 그것은 본질적이지 않다. 다만 그 의도를 강조하기 위해 덧붙여진 것이다IIIa,qu.66,art.5,ad1.

세례식 때 사용되는 말은 무엇을 의미하는 것causa significandi일 뿐 아니라 효력을 발휘하는 것causa efficiendi이기도 하다. 그 말은 만물이 그로 말미암아 지음 받은 그 말씀으로부터 효력을 얻기 때문이다IIIa,qu.66,art.5,ad1. 한편 그리스도의 수난은 집례자에 비하면 원초적 원인이지만, 거룩한 삼위일체에 비하면 도구적 원인이다. 세례식 때에 그리스도의 수난 대신에 삼위일체가 언급되는 까닭은 거기에 있다IIIa,qu.66,art.5,ad5.

세례를 통해 사람은 죄의 옛것에 대해 죽고 은총의 새것에 대해 살기 시작한다. "그런데 모든 죄는 옛것에 속하는 것이다"IIIa,qu.69,art.1,res. 그러므로 모든 죄가 세례와 함께 제거된다tollatur, taken away. 아퀴나스는 아우구스티누스가 유아세례에 대해 한 말을 인용한다. "이 땅에 태어나면서 원죄를 안게 된다. 그런데 우리가 성령으로 거듭나면 원죄뿐 아니라 우리의 의지적인 죄까지도 용서받는다"*De Pecc. Merit. et Remiss.* i.

그리스도의 수난의 힘이 아니면 죄를 용서받을 수 없다. 그리스도의 수난에 대한 믿음과 그 수난에 참여하고자 하는 의사표시가 없으면, 인간의 어떤 의지적 움직임도 죄를 용서받는 데 충분하지 않다. 세례를 받는 것이 바로 그리스도의 수난을 믿고 거기에 참여하는 것이다IIIa,qu.69,art.1,ad2. 세례를 통해 인간은 그리스도의 수난과 죽음에 연합한다

incorporatur. 그러므로 "그리스도의 수난이 세례 받은 자에게 교통되어communicatur, 마치 그가 수난당하고 죽은 것처럼 되어서 치유된다remedium" IIIa,qu.69,art.2,res. 죗값을 충분히 치른 것이 되어서 벌 받아야 할 빚으로부터 해방된다IIIa,qu.69,art.2,res.

그러나 이 땅에 사는 동안 죄에 대한 벌이 사라지는 것은 아니다. 세례는 이 세상에 사는 동안 죄에 대한 형벌을 제거할 힘이 있으나 그렇게 하지 않고, 의인이 부활할 때 모든 형벌을 제거한다. 그리스도도 세상에서는 그 몸의 수난이 있었고, 나중에서야 수난 받을 수 없는 생명으로 들어 올려졌다. 그리스도와 연합한 사람도 마찬가지이다. 그뿐만 아니라, 세례 받은 자의 죄에 대한 형벌을 이 세상의 삶에서 없애지 않는 것은 영적인 훈련을 위해서도 좋다. 만일 이 세상에서 형벌을 제거한다면 세례 받은 자는 자신의 탐욕과 싸우지 않으려고 할 것이다IIIa,qu.69,art.3,res.

3) 성만찬에 대하여

아이가 태어나고 자라면 음식이 필요하듯이, 세례는 영적인 탄생이고 견진성사는 영적인 성장이고, 그리고 성만찬은 영적인 음식이다IIIa,qu.73,art.1,res. 세례는 영적인 삶의 시작이고, 성례의 문이다. 성만찬은 거의 영적인 삶의 완성이고, 모든 성례의 성취이다IIIa,qu.63,art.6.

성례를 성례라고 부르는 것은 신성한 무엇을 담고 있는 어떤 것 때문이다. 그런데 성례에 쓰이는 물질의 신성함은 절대적으로 신성한 것이 있고, 다른 것과 관련되어 신성한 것이 있다. 성만찬은 다른 성례와 달리, 절대적으로 신성한 것aliquid sacrum absolute 곧 그리스도의 몸을 담고 있다 IIIa,qu.73,art.1,ad3. 반면에 세례식의 물은 다른 것과 관련되어서, 곧 거룩하게 하는 힘과 관련되어서 신성한 무엇을 담는다. 따라서 다른 성례는 성례에 사용되는 물질을 받는 사람에게 적용해야 이루어지지만, "성만찬의 성례는 물질(빵과 포도주)을 축성consecratio하는 즉시 이루어진다"IIIa,qu.73,art.1,ad3. 즉, "성만찬의 성례의 경우에는 물질 자체 안에 실재와 성례(표징)가 동시에 존재하고, 성찬을 받는 자에게는 실재 곧 은총만이 주어진다. 그러나 세례의 경우에는 실재와 성례가 모두 세례를 받는 이에게 존재하면서, 죄의 용서라고 하는 실재가 세례 받는 사람에게 존재한다. 다른 성례도 마찬가지이다"IIIa,qu.73,art.1,ad3.

그리스도의 진짜 몸과 피가 성만찬의 성물 안에 현존한다. 그것은 감각으로나 오성으로 알 수 있는 것이 아니라 "하느님의 권위를 믿는 믿음으로만sola fide, quae auctoritati divinae innititur" 파악된다IIIa,qu.73,art.2,res. 옛 법(구약)의 희생제물은 참된 희생인 그리스도의 수난을 모양으로만in figura 담고 있었다. 그러나 그리스도 자신에 의해 제정된 새 법의 희생제물은 뭔가 달라야 하는데, 그것은 십자가에 달린 그리스도 자신을 품고 있다. "단순히 의미상으로나 모양으로만 그런 게 아니라 실재 현실로" 그렇다IIIa,qu.75,art.1,res. 한편, 그리스도가 인간 본성의 몸을 입은 것은 우리의 구원을 바라는 사랑에서 비롯된 것이다. "우리가 순례하는 동안에도 그리스도는 그의 몸의 현존을 없애지 않으시고, 성찬 안에 들어 있는 그의 진짜 몸과 피를 통해 우리를 그와 하나 되게 하신다" IIIa,qu.75,art.1,res. 그러므로 성만찬은 "그리스도가 우리와 가까이 하나 되는 것으로서", 그리스도의 "큰 사랑의 표시"이다 IIIa,qu.75,art.1,res.

그리스도의 몸이 성찬 안에 현존하는 것은 그리스도가

장소를 옮기는 움직임으로 이루어지는 것이 아니다. 빵이 그리스도의 몸으로 바뀌는 "실체의 전환으로per conversionem substantiae"IIIa,qu.75,art.4,res. 그리스도의 몸이 거기에 현존하기 시작하는 것이다. 그러한 변화는 자연적인 것이 아니라 "전적으로 하느님의 힘으로 이루어지는 초자연적인 전환conversio omnino supernaturalis, sola Dei virtute effecta"이다. "완전한 빵의 실체 전체가 완전한 그리스도의 몸이라는 실체로 전환되고, 완전한 포도주의 실체가 완전한 그리스도의 피라는 실체로 전환된다"IIIa,qu.75,art.4,res. 그것은 "실체의 전환transubstantiatio"이라는 이름이 적합하다. 흔히 화체설化體說이라고 한다.

빵과 포도주가 그리스도의 몸과 피로 바뀐다고 해서, 빵과 포도주가 없어지는 것은 아니다. 이것을 아퀴나스는 빵과 포도주의 우연성accidentia이라고 한다. 우연성이란 감각에 들어오는 것으로서, 어떤 특정 장소와 시간에 그 모습과 그 색깔로 있는 빵과 포도주를 가리킨다. 빵과 포도주는 빵과 포도주로 있어야 한다. 그리스도의 몸은 인간이 흔히 사용하는 성질 곧 빵과 포도주의 성질로sub speciebus 우리 앞에 놓인다. 안 그러면 우리가 진짜 그리스도의 살을 뜯어 먹는 것이 되기 때문이다. 성만찬에서 우리는 보이는 빵을 통해 보이지 않는 그리스도의 몸과 피를 먹고 마시는 것이다. “그것이 신앙의 공적에 유익하다”IIIa,qu.75,art.4,res. “신앙은 감각에 반대되는 것이 아니라, 감각이 미치지 못하는 세계에 속한다” IIIa,qu.75,art.4,ad3. 그러니까 성만찬에서 빵과 포도주가 그리스도의 몸으로 바뀐다고 해서 감각적인 빵과 포도주가 사라지는 것은 아니다. 다만 보이지 않는 차원에서 그리스도의 몸으로 바뀌는 것이다. 아퀴나스는 이것을 실체의 변화라고 말하는데, 그렇다면 물질적인 빵과 포도주 안에 영적인 그리스도의 몸이 공존하는 것이 된다.

이것은 빵과 포도주의 우연성과 그리스도의 몸과 피의 실체가 공존하는 것이다. 축성한 이후에 빵과 포도주의 우연성은 남지만 그 실체적 형상forma substantialis은 더 이상 남아 있다고 할 수 없다. 빵과 포도주의 실체적 형상이 바뀌지 않는다면 그 질료만 그리스도의 몸과 피로 바뀐 것인데, 그것은 그리스도의 몸으로 바뀌었다고 할 수 없다IIIa,qu.75,art.6,res.

성찬에는 그리스도가 들어 있고, 성찬을 통해 그리스도의 수난이 표상된다IIIa,qu.79,art.2,res. 성만찬의 효과는 먼저 성찬 안에 들어 있는 것 곧 그리스도의 관점에서 생각할 수 있다. 그리스도가 몸을 입고 보이도록 이 세상에 와서 세상에 은혜의 생명을 주었다. 마찬가지로 성만찬은 "그리스도가 성례의 방식으로 인간 안으로 들어오는 것이며, 그렇게 하여 은총의 삶을 인간에게 일으킨다"IIIa,qu.79,art.1,res. 둘째로, 성만찬을 통해서 표상되는 것repraesentatur 곧 그리스도의 수난의 관점에서 생각할 수 있다. 그리스도의 수난의 효과 곧 죄 사함의 효과가 성만찬에 있다. 셋째, 성만찬의 성례가 베풀어지는 방식 곧 음식과 음료의 관점에서 생각될 수 있다. 물질적인 음식이 몸에 일으키는 효과를 성찬은 영적인 삶에 일으킨다. 다시 말해 영적인 삶을 유지하고 회복하고 새롭게 하며 즐거움을 주는 효과가 성만찬에 있다. 넷째로 성찬에 쓰이는 빵은 많은 곡식이 모여 한 덩어리가 된 것이고, 포도주는 많은 포도가 모여 된 것이다. 마찬가지로 성찬은 사랑으로 하나 되게 하는 효과가 있다IIIa,qu.79,art.1,res. 이 모든 것은 그리스도와 그리스도 수난에서 오는 은총으로 가능하다. 그러므로 성만찬은 은총을 부여하는 효과가 있다.

성만찬을 통해 영원한 생명을 얻는다. 그리스도의 수난을 통해서 우리는 영생을 얻게 되기 때문이다. 한편, 영적으로 새로워지고 사랑으로 하나 되는 것이 이 땅에서는 불완전하지만, 영광의 미래에는 완전하게 이루어진다IIIa,qu.79,art.2,res. 그런데, 죽을죄를 의식하고 있는 사람에게는 죄 사함의 효과가 없다. 아퀴나스는 성만찬의 힘을 두 가지로 생각한다. 먼저 성만찬 그 자체로 보면, 그리스도의 수난에서 오는 죄 사함의 효과가 있다. 그러나 성찬을 받는 자의 입장에서 보면, 성만찬의 열매를 받는 데 걸림돌이 있을 수도 있고 없을 수도 있다. 죽을죄를 의식하고 있는 자는 성만찬의 효과를 받는 데 걸림돌을 안고 있는 것이다. 그는 영적으로 죽어 있기 때문에 성만찬을 먹으면 안 된다. 그리고 그가 죽을죄의 영향을 받는 한, 그리스도와 하나 되는 효과도 없다. 그러므로 죽을죄를 의식하고 있는 자에게는 죄 사함의 효과가 없다IIIa,qu.79,art.3,res.

그런데 성만찬을 실제로는 받지 않더라도 받고 싶어하는 욕구에 의해 죄에서 벗어나 의롭게 여김받는 효과가 발생하기도 한다. 그리고 죽을죄에 대한 의식과 그 영향이 없는 사람에 의해 성만찬이 받아들여질 때도 효과가 발생한다. "처음에는 충분히 회개하지 않을 수도 있으나 성만찬에 다가가면서 사랑의 은총gratiam caritatis을 충분히 받게 되고, 그리하여 회개와 죄 사함을 완전하게 한다"IIIa,qu.79,art.3,res.

성만찬은 미래의 죄로부터 인간을 보호한다. 첫째로는 성만찬은 사람을 은총으로 그리스도와 하나 되게 함으로써 영적인 생명을 튼튼하게 한다. 그렇게 내면을 강화해서 미래의 죄로부터 보호한다. 두 번째로 성만찬은 마귀를 정복한 그리스도의 수난의 표징이므로, 모든 마귀의 공격으로부터 인간을 보호한다. 그런 식으로 미래의 죄로부터 인간을 보호한다IIIa,qu.79,art.6,res. 한편 성례전의 효과로 인간은 "지속적인 은총과 사랑을 획득"할 뿐 아니라, 영적인 기쁨을 새롭게 하기도 한다. 소소한 죄로 마음이 분산된 채 성례를 받아들일 때, 지속적인 은총과 사랑은 사라지지 않지만, 영적인 기쁨은 방해를 받을 수 있다IIIa,qu.79,art.8,res.

[세창명저산책]

세창명저산책은 현대 지성과 사상을 형성한 명저들을 우리 지식인들의 손으로 풀어 쓴 해설서입니다.

001 들뢰즈의 『니체와 철학』 읽기 · 박찬국
002 칸트의 『판단력비판』 읽기 · 김광명
003 칸트의 『순수이성비판』 읽기 · 서정욱
004 에리히 프롬의 『소유냐 존재냐』 읽기 · 박찬국
005 랑시에르의 『무지한 스승』 읽기 · 주형일
006 『한비자』 읽기 · 황준연
007 칼 바르트의 『교회 교의학』 읽기 · 최종호
008 『논어』 읽기 · 박삼수
009 이오네스코의 『대머리 여가수』 읽기 · 김찬자
010 『만엽집』 읽기 · 강용자
011 미셸 푸코의 『안전, 영토, 인구』 읽기 · 강미라
012 애덤 스미스의 『국부론』 읽기 · 이근식
013 하이데거의 『존재와 시간』 읽기 · 박찬국
014 정약용의 『목민심서』 읽기 · 김봉남
015 이율곡의 『격몽요결』 읽기 · 이동인
016 『맹자』 읽기 · 김세환
017 쇼펜하우어의
『의지와 표상으로서의 세계』 읽기 · 김 진
018 『묵자』 읽기 · 박문현
019 토마스 아퀴나스의 『신학대전』 읽기 · 양명수
020 하이데거의
『형이상학이란 무엇인가』 읽기 · 김종엽
021 원효의 『금강삼매경론』 읽기 · 박태원
022 칸트의 『도덕형이상학 정초』 읽기 · 박찬구
023 왕양명의 『전습록』 읽기 · 김세정
024 『금강경』 · 『반야심경』 읽기 · 최기표

· 세창명저산책은 계속 이어집니다.